教育×原発

操作される子どもたち

Ken Sasaki
佐々木 賢

青土社

教育×原発

操作される子どもたち

目次

1 教育と操作

2 原発事故と社会構造

教育×原発

操作される子どもたち

はじめに

教育について語る人は多いが、教育の害について語る人は少ない。薬は体に効くが、逆に副作用や薬害もあることはよく知られている。ところが、教育については「教育副作用」とか「教害」とは言わない。副作用も教害もある。登校拒否も校内暴力も怠学も世界中にあり、件数は過去最高になっている。いじめも学校にあるから、多くの人は教育問題だと思っているが、これは違う。職場のいじめ、セクハラやパワハラ、それに家庭内の幼児虐待は「しつけ」と区別し難い。いじめは人間の性や閉鎖的な生活空間の問題として考える方がいい（佐々木賢『教育と格差社会』青土社）。

教育心性の強い大人が教害に気付かない。教育心性とは教育の副作用のようなもので、

「教育によって人や社会が変わる」と思い込む傾向だ。教育は近代に始まったパラダイム（時代特有の考え方のクセ）だ。フィリップ・アリエス著の『教育の誕生』（評論社）を読めばそれが分かる。フランスに「人は鍛冶屋の仕事をしながら鍛冶屋になる」と古い諺があるが、この意味が現代人に通じなくなっている。「学校に行かないで、どうして職に就けるのと不思議に思う」心性である。

ランデール・コリンズの『資格社会（Randall Collins "Credential Society:A History of Education and Stratification"）』には、一九世紀まで英米では教育資格なしに、ほとんどの人が徒弟や修業によって仕事ができるようになった、と書いてある。コリンズは「大学や専門家が権威を誇示し、職業を独占するために教育資格を利用した」と述べている。例えば彼の調査によれば、薬剤師の教育資格は高卒後四年かかるが、現場で実地の経験を積めば四ヵ月で実力が身につくと説いている。

近代初期にパラダイムの転換があり、現代に入って教育心性が支配的になった。現場の先輩や親方が授ける技能はダメで、免許をもった教師に教わった内容のみに価値があると思い込む。失敗を繰り返し、カンやコツで体得した技能はダメで、カリキュラムに従って単位を取らないと職業に就けないと思い込む。方言はダメで、標準語を話せないと生活できないと思い込む。テストにより数量化された評価が重要で、評判や出来ばえや信用は大切ではないと思い込む。知識や技能の習得の場は教室で行なわれ、地域や職場や日常の人間関係で学ぶ態度が失われていった。

何か困ったこと、例えば戦争があると「平和教育が足りなかった」と思い、一〇代の妊娠があると「性教育が必要だ」と思い、汚職や食品偽装があると「道徳教育の強化」を叫ぶ。

森重雄が「戦時平等」について述べている（『モダンのアンスタンス』ハーベスト社）。第二次大戦中にアメリカの軍隊内で、一時的に、人種差別が少なくなった。黒人上官に白人兵士が従わないと士気が衰えるから、軍隊内の人種平等は不可欠だった。戦後、アメリカ国内で平等教育が盛んになり様々なプログラムが実施されたが、一〇年後の調査で人種差別を克服した地域は一つもなかった。重要な社会現象には教育は無力だ。一九六四年の公民権法が制定され人種差別が法的に否定されたが、それはキング牧師の率いる公民権運動が原動力であって、教育ではない。なかんずく、学校教育ではなかった。

ある公立中学の教師が「学校に止めてほしいこと」を生徒たちに聞いたら、「雨の日の授業、夏休みの登校、全校朝会、卒業式の来賓挨拶」という意見があり、それに加え「戦争や平和や愛についての作文、授業参観、身体検査、宿題、文化祭、テスト、六時間目の授業」という答えが返ってきた（矢定洋一郎著『学校ぎらいのヤサ先生、連戦連笑』績文堂、二〇一二）。「雨の日授業」などの生徒の気分は分かっても、「平和の作文」「文化祭」「テスト」「六時間目授業」が出るに及んで、教育心性の強い教師は戸惑ってしまう。生徒たちが教育そのものを毛嫌いしているとは思ってもみないからだ。

学歴社会の害については多くの人が指摘している。だが一九九〇年代以降の世界規模の若年失業の時期にはいると、子どもや若者が学歴無効の現象に気付いても、親や教師には分からない。俄かに「キャリア教育こそ」などと唱え始めたのを見ると、教育心性に囚われた大人たちの焦りが分かる。経済のグローバル化の影響で、先進国では「大卒はホワイトカラーに」という常識が崩れ、途上国では大卒無業者が溢れている。もし世界の総求人数が総求職数を下回る事態に突入しているとしたら、就職を前提とした教育は崩壊する。

J・K・ガルブレイスは、仕事の絶対数不足を五〇年前に予測している（『豊かな社会』、

第20章「生産と保障の分離」、岩波現代文庫)。全ての人に仕事が行き渡らない社会では「就職して賃金を得て生活する」ことが不可能になり、失業保険もその場凌ぎに過ぎないとすれば、国が全国民の「収入保障」をしなければならない、とベーシック・インカムのようなシステムを主張している。空想のようだが、現実味のある提案である。豊かな社会では生産性が上がっているから、富の配分方法を変えれば、それが可能だという主張だ。

ベーシック・インカム社会に入ると人々の心性も変わり、教育心性もなくなる可能性もある。だが今は残念ながらその動きは鈍い。今は若者の仕事が少なくなり、教育心性だけが強くなっている。教育心性を取り払い、日米英の新聞等の資料によって、現状を描き出して見ようとしたのが本書である。

折しも、三月一一日東日本大震災が襲い、福島の原発事故が起こった。筆者のわずかな取り柄は資料蒐集である。原発事故の情報を集め、台紙に張り付け一ヵ月もしないうちに一〇〇〇シートを越えた。資料を時系列に並べたり、ニュースソース別に分類したり、原発肯定論と否定論を並べてみたりしているうちに、原発問題が教育問題に似ていることに気づいた。この本の題を「教育×原発」としたのはそのためである。教育も原発も心性操作の上に成り立っている点で共通している。

アリス・ミラーは「闇教育」と「光の教育」を示した後に、次のように述べている。「私の言う反教育とは、決してある決まった教育のみに反対するという意味ではない。教育と呼ばれるものすべて、反権威主義的教育も反対なのだ」と。社会に流布されている「詰め込み教育」「画一教育」のみならず、「自由主義教育」や「進歩的教育」にも反対する、という意味である。

このことばを原子力にも当てはめてみたい。「原子力に良い原子力も悪い原子力もない。原子力に反対なのだ」と。支配層は「原子力の平和利用」とか「CO_2削減」とか「クリーン・エネルギー」と称して原発を推進してきたが、原発は核兵器の製造にも役立つことが明白だからだ（本文第2部11「原発と核兵器」参照）。

ジョン・ホルトは「Instead of Education」（訳書『21世紀の教育よこんにちは』（学陽書房）があるが、訳題は間違っている。教育を否定する本に「こんにちは」はないだろう。訳者が教育心性に犯されている）という本の中で、「教育とはある人々が彼ら自身の便益のために他の人々に対しておこなう何ごとかであり、他者を鋳型に入れて塑くること、知っているべきだと彼らが思うことを相手に学ばせようとすることだ」と述べている。

このことばを借りて「原発とは、ある人々が彼ら自身の便益のために行なうことであり、他者に対して、電力確保には原発が必要不可欠だという考え方の鋳型に入れて塑くること、原発は安全だと相手に学ばせようとすることだ」と定義することもできる。

イヴァン・イリーチは「Deschooling Society」（訳書『脱学校の社会』東京創元社。この訳題も間違い。本の内容からすれば「脱教育の社会」とすべきだ）の中で、「麻薬が麻薬への需要を産み出すように、教育は教育への需要を産み出した。学ぶことが、教えることにとって代わられた」と述べている。このことばを借りて「麻薬が麻薬を産み出したように、原発は原発の需要を産み出した。自然エネルギーの利用が、原発にとって代わられた」と述べることもできる。

為政者は意図的に心性操作して民衆を統治しようとしてきたが、操作された心性の眼鏡を外すと、現実の全体像が見えてくる。教育も原発もこの眼鏡を外して見よう、というのが本書に狙いである。無論、筆者は原発については素人である。使った資料も、直接取材や発掘した元資料ではなく、テレビや新聞やネット上で流された、いわば三次資料や四次資料である。だが、素人判断も時には必要だと思う。あまりにも専門家が発言し過ぎ、専門家が予期せぬ「想定外」の事故が起こったからだ。

この本は、子どもの育ちと法制度を考える21世紀市民の会の会報「子どもと法・21通信」（月刊）に「賢さんの新聞を読んで」と題して、二〇〇七年五月から二〇一一年三月まで連載したものに加え、原発事故に関する一五本の文を新たに書き下ろし追加した。字数の限られた連載であったため、各文が短編読み切りであり、舌足らずの面もあろうが、忙しい読者にとっては、電車の中でも読める利点もあると思う。

1

教育と操作

1　外国人研修・技術実習生制度の実態

1　時給二八五円

外国人の技能実習制度は問題が多い。実施機関の海外向けのパンフには「日本企業で研修を受け、技術を身につけよう」と宣伝している。だが実態は、安価な単純労働者に過ぎない。その外国人研修生は今日本に一六万人いる。

労働基準局に相談した外国人労働者は年々増加し、二〇〇五年に一万件を越した。四七都道府県労働局の二〇〇五年の調査では、研修生を受け入れた事業所八六六のうち、八割が労働安全衛生法や労働基準法に違反していた。

例えば、鳥取県の最低賃金は時給六一〇円だが、倉吉の縫製業者は中国人研修生を時給二八五円、実習生を四七六円で雇っている。広島県中区の寝具業者は中国人一九人分の賃金三七〇〇万円を支払わなかった。

青森県三沢市の縫製会社から中国人女性三人が脱走した。朝八時から夜五時まで働き疲労が重なったからだ。給与は月一〇万円だが、寮費や光熱費を引くと、手取りは六万円だ(以上、毎日新聞'07.5.13.)。

中国人女性、陳さん二六歳は岐阜市の縫製工場でミシンを踏む単純作業に就いたが、何の技術も身につかなかった。一年目の研修手当ては月四万五〇〇〇円、二年目の実習手当は五万円だったが、それを強制貯金させられた。通帳と印鑑は事業所が保管し、月々一万五〇〇〇円しか手渡されなかった。休日は年に一五日だった。「この三年間は牢屋にいたようでした」と陳さんは述べている。

中国人女性王さん三五歳は研修斡旋機関に年収の三倍にあたる保証金六〇万円を支払った。契約書には、違反者は罰金二〇万円を支払わなくてはならないと書いてある。寮に入ったが、家賃と光熱費の他にテレビと布団と洗濯機と流し台のリース料を取られた。その上二〇〇五年春、受け入れ機関の理事長に性的関係を強要された。

ベトナム人女性のキム・リエンさん二二歳は保証金一〇〇万円を支払ってきたが、愛知県豊田市にあるトヨタの下請会社で縫製の仕事に就いた。彼女の預金通帳と印鑑とパスポートを事業所が強制的に預った。

罰則も多く、体憩時間以外にトイレに行くと一分間につき一五円、携帯電話は禁止され、違反者は一万円の罰金、掃除をサボれば、一回に二〇〇〇円の罰金を取られた。

二〇〇六年八月一八日千葉県木更津市の養豚場「森本畜産」で、中国人研修生が農協役員と斡旋会社員と通訳の三人を殺傷する事件が起きた。中国人の容疑者は強制帰国を恐れて凶行に及んだという（以上『雇用融解』風間直樹著、東洋経済新報社）。

この外国人研修制度について、政府内では対立がある。経済産業省は制度の維持を主張している。「技能移転や日本語教育の面で国際貢献している」、「国内の人手不足に応える」の二点をあげ、不正には相談窓口を増やし罰則を強化するという。

厚生労働省は研修生制度の廃止を主張している。実習生は三年の雇用契約を結び、労働基準法を適用する。日本の最低賃金を下げないようにすべきだと主張している。

法務省は長勢法相の個人案を示した。外国人の就労制度を創設し、単純労働者を受け入れ、最低賃金を決めるという。だがこの法相案に入国管理局が反対している。犯罪が増えるからだ。政府は原則として外国人単純労働者は受け入れない方針を示し、結果として研修制度は維持する方向だ。

経団連は研修・技能実習制度の存続を主張し、さらに期間も延長し、受け入れを拡大しろと要求している。特に製造業の人件費削減に役立つからだという（朝日新聞'07.5.11;12.16.）。外務省は中国人研修生・実習生のビザ発給を厳しくし、この二年間で一三〇〇人に対して拒否している。虚偽の申請が多いからだという（毎日新聞'07.5.20.）。

2　現代奴隷制

外国人研修・技能実習制度は現代の奴隷制である。一日一五時間労働は睡眠以外の全ての生活を奪っている。強制貯金とパスポート預りは移動の自由を奪っている。携帯電話の禁止は通信と表現の自由を奪っている。トイレの制限は、生理的欲求を認めないことを意味する。

外部との連絡を遮断したのは、違法性が漏れるのを防ぎ、逃亡を恐れたためであろうが、これを奴隷制と言わずに、何というのか。現に、元法務副大臣の河野太郎は「外国人研修生制度は無茶苦茶、昔の奴隷制度とどう違うか分からない」と述べている〈風間直樹著、前掲書〉。

政府や経済産業省や経団連は実態を知りながら、この制度を維持しようとする。なぜか。これはグローバル規模の労働移動と関係がある。株や為替やサービスや商品が国境を超えて移動している現在、人の移動だけが制限されている。だから不法移民を含む人々の移動が世界中で起きている。それが奴隷労働を生んでいる。

イギリスでは二〇〇七年三月、リバプールで奴隷貿易禁止二〇〇年を記念して、市民団体が「鎖の行進」をした。白人が手に鎖をつけて二五キロの道のりを「So Sorry」と書かれたゼッケンをつけて行進した。

主催者の一人ケイト・ダブソン氏は「今でも、外国人に過酷な労働を強い、女性や子どもを売春のために売買したり、二〇〇年前とさほど変わっていない」と語った。

二〇〇三年、東ロンドンのイーストエンドに外国人女性保護施設「イーブス」が開かれ、この四年間にリトアニア、アルバニア、モルドバ、タイ、中国の女性一三〇人が保護された。年に一万人の女性が売春組織に騙されて、イギリスに入国したという（朝日新聞'07.5.19.）。北イングランドの職業紹介会社を経て、外国人の求職者を装いＢＢＣ放送の記者が養鶏場で働いた。仲介手数料三四〇ポンド（七万円）を取られた。給与の額面は二〇時間で九七ポンドだが、手取りは四七ポンドしかない。滞在費を五〇ポンドも天引きされたからだ。時給は二・三ポンド（四六〇円）、英国の最低賃金五三・五ポンド（一〇〇〇円）の半分以下である（ＢＢＣ放送'07.4.25. 放映）。

話は日本に戻る。外国人研修・技能実習生を雇った業者の半数以上は零細企業である。奴隷労働を強いたのはこの零細企業だが、その中の一つ青森県三沢市の縫製会社の事業主は東京で事業を失敗し、賃金の安い青森に工場を移転した。経営は苦しく二〇〇四年の負債は一〇〇〇万円になり、日本人のパート一〇人を解雇して、中国人研修生を九人雇い入れた。

研修受け入れ機関に一七〇万円、中国機関に五四万円を支払い、研修生に一二〇万円を支払ったら、新たな赤字が二〇〇万円増えたという（前掲、毎日新聞'07.5.13.）。

奴隷労働を使わない限り、経営が成り立たない零細企業の実態が浮かび上がる。毎日新聞の同記事に都道府県別の受け入れ事業所数が載っている。北海道六八、福井七九、岐阜六〇、鳥取五〇、徳島六四だが、神奈川四、東京一四、千葉一三、京都一、大阪二〇、であって、地域格差が歴然としている。

日本とアジア諸国の経済格差があり、日本の中に地域格差がある。日本の零細企業は賃金の高い東京から撤退し、青森に安い賃金を求めたが、採算が取れず、外国人の奴隷労働を使うに至った経緯が分かる。

外国人の奴隷労働を使う日本の企業を非難することはやさしい。だが、奴隷労働を生み出した社会構造を知ることが大切だ。グローバル規模での企業競争が奴隷を生んだ。奴隷を使う企業を弁護するわけではない。奴隷労働を強いた企業以外に、誰が真犯人かを探らねばならない。

3　学校奴隷

企業社会の中で、農業や漁業の第一次産業、製造業などの第二次産業が単純労働者を多く雇用している。農業や製造業は商社や流通産業やサービス産業から製品を安く買いたたかれる。

企業全体がピラミッド型の構造になっている。底辺に農業や漁業や林業があり、その上に製造業があり、その上に流通や商業があり、さらにその上にサービスや情報産業があり、頂点に立つのが金融業だ。

企業の中で最も利益が大きいのが、M&Aと言われる企業買収会社である。M&Aに金を貸すのは金融業だ。LBOという融資方法は被買収会社の資産を担保にする。いわば被害者宅の被害金額を担保に、強盗に金を貸すようなものだ。それが、法的に認められている。金融業に金を預けた金持ちが利益を一人占めしている実態が浮かび上がる。ヘルシンキの国連大学世界開発研究所が二〇〇〇年の資料を基にした家計調査では、世界の家計合計が一二五兆ドルであり、世界総人口で割ると一人二五〇〇ドル（約三〇万円）になる。四人家族なら年一二〇万円となり、世界の六〇億の人が全て食べていくことができる。

ところが世界の一％の超富裕層が世界の富の九九％を所有し、後の九九％の人が世界の富の一％を分け合っているという結果が出た（毎日新聞'06.11.24.）。超富裕層を生み出したのは、グローバル規模でのＬＢＯ等を含む規制緩和や財政削減や公共事業や公共財産や公共サービスの民営化政策の結果である。この政策が現代奴隷制を生み出したことが分かる。

付け加えたいことがある。教育の果たす役割だ。「外国人研修・技能実習制度」が示すように、「研修」とか「実習」ということばを使った。これは、教育するという意味だ。実質的には奴隷労働を「研修生」とか「実習生」と呼んだ。「教育を受けるのだから、将来自分の役に立つ」と思い、外国人研修生は年収の三倍もの保証金を支払って応募した。これは「教育」の名を語らった詐欺だが、あながち詐欺とは言えない。

なぜなら歴史的に見て、教育と奴隷労働は一体化したものだった。イギリスのピューリタン革命の一七世紀、ジョン・ロックは一六九三年に「教育に関する考察」を著し、「鞭で五〇人から一〇〇人を同時に教育する方法」を説いた。また、一六九七年に「貧民のための労働学校案」を書いた。

家内制手工業が工場制手工業（マニュファクチュア）に移行した時期である。当時の史料を見ると、「レース・スクール」とか「麦藁細工学校」に「雇われて」と書かれている。マニュファクチュアとは近代初期の奴隷学校である。

今の学校と同じように、「ベル・ランカスター方式（一斉に前の方を向いて座る方式）」で座り、その椅子と机が床にボルトで固定されていた。教師や監督に監視される監獄型の学校である（『モダンのアンスタンス』森重雄著、ハーベスト社）。

2　学力テスト不正はなぜ続出するのか

1　貧困区

東京・足立区で二〇〇六年度区学力テストの不正が発覚した（毎日新聞'07.7.17;7.23）。不正方法は三つある。一、試験会場で教師が生徒の誤答を指さす。二、前年度問題を事前に全生徒にやらせる。三年間は同一問題だから、正答を事前に教えたことになる。三、情緒障害者や外国籍者を採点から除外した。

東京都は二〇〇三年度から中学二年生と小学校五年生全員に学力テストを実施し、各区や市の成績をホームページに公表した。足立区は五教科とも平均以下であった。そこで足立区の教育委員会は二〇〇四年から区内独自の学力テストを実施することにし、成績の学校別順位を区のホームページで公表した。

さらに「特色ある学校作り予算」と称して、傾斜配分方式で予算を配分した。最低必要経費の他に、成績上位校に加配したのだ。二〇〇七年の小学校最高額は三七四万円、最低は七四万円、中学校最高は五六四万円、最低一六六万円、差額は小学校五倍、中学校は三・四倍である。

足立区は学区制を全廃し、自由選択制を実施しているから、成績上位中学校は人気が高く「抽選校」と呼ばれている。

不正発覚後、足立区の教委は記者会見をし、新聞には教育長・教育委員会事務局次長・学力向上推進室長他五人が平身低頭している写真が載っている。教育長は「不正があった小学校は地域ぐるみで努力してこんなに成績が上がったのだと思っていた」と発言している。校長は「普段の学習指導で指さしもよいと言っているが、テストはしてもよいとは言っていない」と弁解し、「学校選択制とか傾斜配分予算が理由の不正ではない」と教委をかばった発言をしている。

二〇〇五年の順位が七二校中の四四位であった小学校が、二〇〇六年に一位に躍り出たことを不思議に思わない者はない。毎日新聞はこの事件を「競争原理で煽ったから起きた事件」として、行政の姿勢を批判している。

それはそうだが、一つ重要なことを見落としている。地域格差の問題だ。足立区は東京都の中の貧困区である。就学援助制度というのがある。これは生活保護と同程度の所得水準の家庭の児童生徒に給食費や学用品費の一部を援助することだ。

「東京と大阪では小中生徒の四人に一人が就学援助を受けている」と朝日新聞は伝えている（'06.1.3.）。足立区のホームページによると、二〇〇六年の東京都全体の就学援助率が二四・八％なのに、足立区はなんと、四二・五％である。小学校全児童三万二八二四人中、援助を受ける児童が一万三八二一人いる。中学全生徒一万三九六二人中、被援助生徒は六一六〇人いる。

最近のどの統計からも、貧富の格差が学力の格差に連動していることが分かっている。私の所属する教育研究所の調査でも、県立高校の授業料未納者数と学力偏差値の双方のカーブが正確に逆比例した。

足立区では全生徒の半数近くが、生活保護程度の貧困家庭である。

この区の女子中学生に将来の夢を闘いたら、「コンビニのアルバイト」と答えたという（朝日新聞'06.3.21.）。彼女は夢をかろうじて書いたが、夢が書けなかった生徒がたくさんいた。夢がない生徒には勉強が手につかないだろう。

足立区を非難するのはたやすい。だが、貧困家庭の子を抱えた学校の苦悩と、不正事件が起きた経済的背景をこそ、知るべきではないのか。

2　NCLB法の本質

二〇〇四年三月、アメリカのブッシュ大統領の重要な教育政策「一人の落ちこぼれも出さない法 No Child Left Behind Law（NCLB法）」が議会を通過した。この法案には二〇一四年までに、全米の学力格差を解消する目標が立てたられていた。

目標を達成できない失敗校に罰則が課せられる。二年間連続して失敗した学校は生徒を転校させ、生徒の交通費は学校負担となる。三年連続して失敗した学校は生徒に家庭教師をつけ、その費用は学校負担とする。五年連続で失敗した学校は全職員を首にし、廃校にする、という内容だ。

この法のもとで何が起こったか。「学校は如何に点数をごまかすか」という記事がある(雑誌 Reason '06.6.)。

テキサス州ではテスト成績が向上した場合の報奨金として年間七億円の予算を組んだ。賞与として教師に八万円、校長に五〇万円、教育委員に二〇〇万円与えた。ところが、全テキサス州の小中高の七七〇〇校中、テスト点数の偽りの申告をした学校が四〇〇校も出た。発覚したのは、ある学校で成績上位の生徒が転向したところ、転校先の学校で最下位になった例があり、調査が始まったのだ。

手口は色々ある。テスト会場で教師が誤解答をしている生徒の肩を叩いたり、答案を指さす。事前にテスト問題を全員か一部の生徒にやらせておく。障害児や英語を母語としない家庭や貧困家庭の子を試験当日欠席させるか、採点除外する。これは足立区の場合とそっくりだ。

偽装転校もある。成績の低い子をテスト前に転校させ、テスト後に在籍を戻す。偽装留年もある。九年生(日本の中三)の時に留年させ、一一年生に飛び級させる。一〇年生の時にテストがあるから、これを回避するためだ。

卒業率も学校評価の対象となる。卒業率とは二五歳以上の成人のうち、高校卒業者の比率だ。全米卒業率は八五％から六八％を上下するが、ヒスパニック三九％、黒人四七％、白人六七％、アジア系七七％となっている。

これをみると、人種や家庭の経済が子どもの成績に関係することが分かる。テスト成績を教委や校長や教師の責任に帰すには元々無理がある。行政は貧富の格差をなくせばいい。もしブッシュが「二〇一四年までに全ての貧富の格差をなくす」と公言したら見上げたものだが、それはしない。

政府は格差の解消予算として七億八七〇〇万ドル（七八〇億円）を使ったが（Peoples Weekly World '04.5.15.）、その配分先は以下の五団体である。1）学校経営者協会 Education Leaders Council. 2）教員免許全国協会 National Council Teacher Quality. 3）教育機会拡大基金 Greater Educational Opportunities Foundation. 4）教育改革と選挙権拡大ヒスパニック協会 Hispanic Council for Reform and Education Options. 5）教育選択権黒人同盟 Black Alliance for Education Options。

右記の団体名は公的機関の印象を与えるが、内実は全て民間企業である。アメリカは日本以上に私企業化が進んでいる。同じ金額を直接ヒスパニックや黒人に与えたらいいのだが、ブッシュ政権はそうはしない。様々な理由をつけて、民間企業を潤わせるために国費を使っている。

ニューヨーク・タイムズ（'06.11.20.）はテスト会社、連邦テスト局、上院教育委員会、下院教育委員会、北西部評価協議会、フロリダ州の六件の調査報告の全てがブッシュの学力格差解消策は失敗すると予測している、と伝えている。

これらの資料を見れば分かるが、ＮＣＬＢ法の本音は学力格差の解消ではなく、教育産業を潤わせるためなのだから。

3　外部テストの害

前々回は足立区、前回はテキサス州のテスト不正を書いたが、共に不正が社会的な格差と関係があると述べた。

ところでその後、足立区のテスト不正は教育委員会そのものが関与していたことが発覚した（毎日新聞'07.9.11.）。

区教委は二〇〇四年一二月二一日の校長会で、小学校五年生の国語・算数、中学二年生の国語・数学・英語のテスト問題の一部を校長に手渡した。一週間後の一二月二七日に問題を各学校に配布した。本番は翌年一月一八日だから、二〇日間学校に保管されていたことになる。一二月二一日の校長会で「事前の問題配布は誤解を招く恐れがある」と発言する校長がいたので、区教委は各学校に、「秘密を厳守」の通達を出している。

事前の問題配布について、関係者がコメントしている。教育長は「初めてのテストだったので、円滑な実施のためのサンプルのつもりだった」と述べている。教育指導室長は「だれが事前配布を決めたのかについては分からない」と述べ、東京都の義務教育特別支援教育指導課は「まず事実関係を把握したい」と控えめな発言をしている。

都教委は「問題の漏洩などはあってはならない」と述べ、伊吹文科相は「教育委員会の規範意識に関わる問題だ。義務教育は地域、所得にかかわらず同じ学力がつくのが基本だ。原点をよく理解してやっていただきたい」とコメントしている。

毎日新聞は「区教委が点数アップを狙い、学校側に働きかけたと受け取られかねない行為だ」と批評している。

新聞社も含めて、全ての発言が事の本質をはぐらかしている。そもそも学力とは何か。一斉テストは学力向上に役立つか、テスト学力は階級構造と関係があるのか、テスト体制のために授業に支障をきたしていないのか、テスト体制は知識の注入になりはしないか、子どもたちのストレスはないのか、といった点を議論しなくてはならないのに、それをしていない。

テストには内部テストと外部テストがある。前者は現場の教師がする豆テストや定期考査である。後者は、国や自治体や業者がする一斉テストだ。前者は金がかからないが、後者は国や自治体が業者に委託するから金がかかる。前者は、教えた内容が生徒に浸透したかどうかを調べるものだが、後者は偏差値ランクをつける意味がある。

ＰＩＳＡ（ピサ）という国際学力テストがある。そのテストで上位のフィンランドは国内の外部テストはしていない。費用がかかり、学力向上に効果がないという理由からだ。教科書は薄く、採択権は教師にあり、問題解決学習に力を入れている。

逆にイギリスでは知識中心の授業をし、外部テストが小学校から大学まで、平均七〇回、一年で七回もテストを受ける。この両国を比較して、なぜ今日本で、イギリスの方を真似るかの議論をしていない。

イギリスにも年間数百件のテスト不正がある。その一つに「カンニング校長がテストを批判」という見出しの記事がある（ＢＢＣニュース'03.5.7.）。バークシャー州レディングのホワイトナイト小学校長デービット・ホプキンスは六歳児が算数の答えを書き変えるのを許した。この校長は免職になり、今は私立の平教師になっているが、彼は「校長はストレスの下で働いている。子どもたちにいいスタートを切らせたかった」と訴えている。

この校長は確信犯のようで、堂々とテスト体制を批判している。日本では、不正を促した教育長や校長が言い逃れに汲々としている。不正を批判する際、ぜひとも、テスト体制の本質に迫る議論が必要だ。

3　手の込んだネットいじめ

1　暴力と嫉妬

数年前から、英米の新聞でネットを使ったいじめの記事が目立つようになった。

アメリカ・ミズーリ州に住む一三歳の少女ミーガンは「マイペース」というネットに自己紹介をし、少年ジョシュと交信を始めた。ところが一ヵ月半後に「君は残酷な人だと聞いた」と少年から絶交宣言を受け、翌日、少女は自室で首吊り自殺した。後に、少年ジョシュはミーガンの元友人の少女とその母親が捏造したネット上の架空の人物であることが分かった（毎日新聞'07.1.17）。

イギリスの24時間電話相談のチャイルド・ラインは二〇〇四年で一八年目を迎えるが、

日に二三〇〇件の相談を受け、そのうちいじめが四分の一を占め、eメール等の電子文字を使ったものが増えたという（ロンドン・タイムズ'04.8.25.）。

ネット監視にあたるイギリス警察は過去二年間でネット利用のいじめは三〇%増加し、自殺は年に二〇人となったと発表した。担当官リー・カーネルは「内容は殺人、威嚇、人種差別、暴力、屈辱、悪口等のすさまじいもので、自殺希望者は年に二万も出る」と語っている（ロンドン・タイムズ'04.9.24:04.10.20）。

イギリスの、親の24時間電話相談ペアレント・ラインの相談内容を分類すると、「親子の衝突」が八〇%、「子の怒り」が六九%、「学校内の問題」が七七%、「不登校」が六〇%ある。「いじめを阻止するにはいじめっ子の親に援助が必要で、親は子のしつけに限界を感じている」とコメントしている。なぜなら、いじめっ子は普通の子に比し、虚言癖が三倍、窃盗や喫煙や薬物が二倍に達しているからだ（ロンドン・タイムズ'04.11.22.）。

イギリスの、交通警察が「ハッピィ・スラップ」という男子生徒のいじめに悩まされている。ロンドンのバス停や地下鉄の駅で、一〇人程の加害者が一人の犠牲者の頭を次々に叩く。それを携帯電話のカメラで撮影し、映像をeメールで学校中や地域に流す。計画的であり、多数の観客がいて猛烈に撮影しまくる。それを交換したり回覧したり、互いに比較して、自分の学校の凄さを競うのだ。

警察は「これは笑えない問題で、明らかに暴行事件だ」と見て、週に平均八人を補導している（ロンドン・タイムズ'05.1.26.）。

自殺者が出た。チェシャ州の少年ショーン・ヌーナン一四歳は自宅の洋タンスに自分のネクタイで首吊り自殺した。彼は一年間に渡って「ハッピィ・スラップ」を受けていた。高校の同級生が数人で頭突きをし、排水溝に投げ込み、被害者を踏みつけ、跳び蹴りし、それを別の数人が携帯電話で撮影していた。

被害少年は元気で無邪気な子で、ダンス部に入り、少数の友人がいたが、発達がやや遅れぎみだったという。いじめが多発し始めた一年前に両親は学校に連絡し、加害者たちは停学四日間の処分を受けていた。それでもいじめは収まらなかったのだ（ロンドン・タイムズ'05.9.3.）。

イギリスの心理学者ヴァル・ベサージュは小学校の体憩時間に、一一歳の女児を一六ヵ月間撮影し、その動向を調査した。女児のいじめは基本的には嫉妬に基づくという。問題なのは、被害者の心の傷を治すのが極めて困難なことだ。孤立して、自信を喪失し、成人後も対人関係が困難になるほどだ。

いじめの手口は以下のようなものだ。匿名で、誹謗や中傷や悪口や噂や本人の秘密をメールで流布する。服装や髪形を嘲笑する。加害者が「正装パーティだ」と被害者に告げ、パーティを開くと他の者みんながジーンズを履いてくる。パーティの招待から被害者を除外し、その後、楽しそうなパーティの写真をメールで被害者に送付する。

その他に、被害者に誕生パーティを開催させ、参加予定者の多数が欠席してしまう。または、被害者の親友を別のグループに誘い、被害者を孤立させるといったものもある（デイリー・メール'06.5.8）。

2　対策の難しさ

ネットを使った手の込んだいじめが横行しているが、対策は極めて難しい。以下にその困難さを列挙してみる。

第一に、監視。ネット監視機関が、たとえば「死ね」ということばを検索しようとしても、「市ね」と書いてあると見過ごしてしまう。第二に、知らない人も、いじめの対象にするから、知人や友人等の人間関係を辿ることができない。第三に、加害者以外に、観客や傍観者が多く、彼らがいじめを助長しているが、加害者以外は法律で罰せられない。また、観客や傍観者は被害が自分に及ばないよう防衛するから、事件が明るみに出ない。

第四に、加害者が元は被害者であったり、独自の悩みを抱えていたりする。これを「加害被害者」という。いじめは連鎖反応をし、連鎖の根を断ち切ることが難しい。第五に、多くの人がメール病に罹り、携帯電話やインターネットなしには「生きていけない」と思い込んでいる。また、「返事を即座にしなければならない」とも思い込んでいる。

第六に、匿名性と架空性がある。一人で多数のブログを作成すれば、多数者を装うことができるし、現存しない人物を登場させることもできる。いじめは古今東西に普遍的な現象だが、それを情報機器が助長している。

第七に、支配者の意識。一方が決定し、他方がそれに従わざるを得ない関係を支配という。多くの庶民は日常に支配者の気分を味わえないが、いじめではそれが可能だ。被害者はいじめが、誰が、何人で、何のために、そして何時まで続くか分からないが、加害者は自分の意思で決めることが出来る。

第八に、メールの多さがある。ロンドン・タイムズ（'05.4.22.）によると、今、世界中で一日に交通による移動者は一二〇億人なのに、メールは五〇〇億通も交わされている。その八八％がジャンク・メール、つまり不要なものであるという。

計算上は、世界の総ての人がメールを一日に三二通受け取ることになるが、その数は毎年八二％ずつ上昇しつつある。メールボックスは五億あり、毎年三二％ずつ上昇している。イギリスのメールは月に一〇億三五〇〇万通になる。テキスト文字使用者は二〇〇一年に二一％だったが、二〇〇五年には三七％になった。

二〇〇五年の段階でイギリスの一〇歳以下の携帯電話所持者は一〇〇万、五歳から二四歳までの若者の携帯所持者は八二％の一二六〇万になる。

日本でも、メールによるいじめが盛んであり、取り締まりに当たる警察担当官がいる。だが、二時間で五〇〇件の案件を処理するのがやっとだという。億の桁のメールやネット交信があるなかで、一〇〇や一〇〇〇の桁の取り締まりしかできないのが実情だ。（ＮＨＫ

クローズアップ現代'07.10.8.放映)。日本はイギリスの二倍の人口だから、日に少なくとも二〇億通のメールが交わされている。係官が八時間勤務で日に二〇〇〇件のメールを検索しても、可能なのは二〇億分の二〇〇〇、つまり一〇〇万分の一なのだ。

第九は無知。マスコミ報道人を含む多くの人がいじめの実態を見ようとしない。大衆は見たくないものを見ようとしない傾向があるが、マスコミはその傾向を助長している。およそ百年前からいじめ報道があるが、今も同じ口調を繰り返している。それに加え、親も教師も実態を知らない。

第十は、第九と関係があるが、被害者の周辺の者が高をくくることにある。いじめ報道を聞いても、実態を知らないから、「ウチの子は大丈夫だ」とか、「本人が言わないから」とか、「学校が何とかしてくれる」と思っている。事態が明らかになっても、「何処かの機関が処理してくれる」と思い、他力本願になっている。

以上から判断すると、いじめ対策は被害者の自殺防止に重点をおくべきだが、それについては、次回に述べる。

3 逃げることの勧め

いじめ対策について、私はいつも「逃げること」を勧めているが、これは抜本策ではないから評判が悪い。多くの人に、抜本策がないという認識がないからだ。

教育再生会議の委員だったヤンキー先生が「結局のところ、見て見ぬふりをしないことです」とテレビで語っていた。森田洋司の中学生対象の調査によれば「見て見ぬふりをするのは」観衆と傍観者だが、それぞれ一〇・八％と三八・八％もいる。「見て見ぬふりをしない」仲裁者は五・四％しかいない（『日本のいじめ』金子書房）。

正面から逃げることを勧める人に劇作家の鴻上尚史がいる。

「あなたに、まずしてほしいのは、学校から逃げることです。逃げて、逃げて、とことん逃げ続けることです。学校に行かない自分を責める必要はありません。

次にあなたにしてほしいのは、絶対に死なないことです。思い切って「遺書」を書き、台所のテーブルにおいて、外出しましょう。学校にいかず、一日ブラブラして、大人に心配をかけましょう。そして、死に切れなかったと家にもどるのです。

死んでも安らぎはありません。死んでも、いじめたやつらは絶対に反省しません。あなたは「遺書」をかくことで、死なないで、逃げるのです。どうか勇気をもって逃げてください。」（朝日新聞'06.11.17. 連載「いじめられている君へ」）。

この文が気に入った。ここには「死なないこと」と「逃げること」の重要な二つの要素が入っている。英国のＡＢＣ（いじめ防止ボランティア団体）では、自殺防止に重点をおいている。また一八年間続く英チャイルド・ラインは二四時間体制で日に三〇〇〇件の相談があるが、職員は四〇〇人いて年間費用が六億円かかるという（ロンドン・タイムズ'04.8.25）。「逃げること」は大昔から人類のテーマだった。古代のエジプトやヘブライやギリシアには逃げ場所であるアジールがあった。ローマ法が作られてからアジールが消滅したが、法の外に置かれた奴隷にはアジールが制限的に適用された。

中世には教会や領主のアジール権が国家に対抗し、日本にも荘園の不入権があり、逃げる者を庇護した。京都の大通寺には八条尼の「たとえ重過のものなりといへどもこの内に入ぬれば他人狼藉をいたす事なし」と書かれた自筆文書がある。江戸時代の東慶寺や満徳寺は縁切寺「駆け込み寺」として有名だ。男の虐待を逃れた女が草履《ぞうり》を門内に投げ込めば屈強な若者が出てきて女を保護した。

近代社会に入り法が完備しアジールがなくなった。不法者の横暴を法で防げるという建前だが、いじめは法の外にあるから厄介だ。アジールで肝心なことは、被害者から何も事情を聞かず、即座に、一定期間、受け入れることにある。児童相談所や学校のように、法的な手続きを経ると手間暇がかかり過ぎ、自殺を防止できないのだ。

二〇〇〇年名古屋で五〇〇〇万円恐喝事件があった。被害少年は病院で同室のヤクザの人に初めて事実を打ち明け、ヤクザが八人の加害者を脅したので事件が発覚した（中日新聞'00.4.8、週刊文春'00.4.20）。法の外のヤクザとアジールである病院が被害者を保護した。

ネットいじめに関しては、有害サイトを規制するフィルタリングがあるが、親の五％しか使っていない（ＮＨＫクローズアップ現代'07.10.8）。携帯電話やパソコンを破棄する、転校する、転居する、このように思い切った生活転換の覚悟が大事だ。

携帯やネットから「逃げられない」と思い込んでいる人がいるから、自殺者が出る。こんなもの昔はなかった。だから昔に戻ればいいのだ。いじめという人間の業に根ざす厄介なものを回避するには、逃げることと逃げる場所を用意する以外に手はない。

4　外国人講師の民間委託

二〇〇六年一月、神奈川県立伊勢原高校の外国人講師ＡＬＴ（Assistant Language Teacher）ジョン・ウィリスさん宅に県教委から「民間委託確認書」というファクスが送られてきた。この職が四月から民間業者に委託されることが記され、業者に紹介して欲しいかどうかを問うている。事実上の解雇なので、ウィリスさんはひどいショックを受けた。

数日後、県教委の職員がやってきて、確認書へのサインを求めた。委託された場合の給与や契約内容について、確認書には説明がない。質問したところ、その職員は何も説明できなかったという。ウィリスさんは渋々サインしたが、その後、業者からの誘いがなく、県立高校の職を失った。

県に在職するＡＬＴ八九名のうち、存続したのは四〇名だった。全国一般労組神奈川は県教委に業務委託の撤回を求め、不当労働行為の救済を求めたが、救済命令の決定が出るまでには時間を要するという。

救済申し立ての一人で、過去二〇年間県立大和高校等で教鞭をとってきたビル・シーバースさんは「私がこれまで教えた生徒は一万人を超える。英語をコメディ風にするなどの工夫をして、生徒を英語好きにするよう努めてきた。そのキャリアを無視し、突然、全員を業務委託した。私たちが一生懸命やってきたのは何だったのか」と語っている。

県教委高校教育企画室は「外国人講師の身分は非常勤嘱託であり、資格試験による採用ではない。助手の研修を実施せねばならず、その費用や手間を考えると民間委託がいい」と説明している（毎日新聞 '07.9.12.）。

公立校ＡＬＴの雇用について、大阪労働局が枚方市など六市教育委員会に「労働者派遣法に違反する偽装請負の恐れがある」と指摘した。業務委託のＡＬＴを利用する際、事前に専任教諭と打ち合わせをし授業中に協力すると、受け入れ校の「指揮命令」に当たり、派遣法違反になるのだ（読売新聞 '07.3.23.）。

今、全国にＡＬＴは一万一〇〇〇人いる。ＡＬＴの外部委託には問題が山積している。第一に、その処遇を見ると、県の直接雇用の場合は時給三三五〇円であり、フルタイムで働くと月収が二二万から二五万円程度になったが、業務委託にされると、時給一五〇〇円になり、講師の収入は半分以下になる。しかも社会保障はつかない。

第二に、業務請負が派遣法違反になることだ。違反しないためには、授業内容の打ち合わせは講師とではなく、業者としなくてはならない。専任教師と講師が一緒に授業を進めることができない。学校で、業者に授業計画を相談したところ、何時までたっても返事がこなかった例がある。

第三に、採用や研修が業者任せになる。噂によると、悪名高いＮＯＶＡなどは、電車の中で講師をスカウトしていたという。教師経験や教員免許も考慮せずに、塾や英会話学校で採用された外国人講師が公立学校に入ってくる。その反面公立学校でキャリアを積み、熱心に生徒を教えてきた講師が締め出されているのだ。

この事態になったのも、教育私企業化のせいなのだ。教育は「サービス」であり、学校は公共体ではなく、経営体と看做されたからだ。財務省は諮問会議で「学校の効率化」を提唱し、総務省の地方行政改革委員会は「業務の外部委託」を推奨し、文部科学省は「人事のトラブル回避の費用」や「研修と資格審査費」の予算削減を打ち出し、この三つの省がそれぞれに地方の教育委員会を指導している。

外国人講師の収入を半分にすることが、サービスの受け手である親や生徒の利に叶うのか。「弱い者いじめをすると、こんなに得するよ」と、生徒たちに実物教育をしようとしているのかもしれない。けだし、これは外国人講師だけの問題ではなく、教育行政のあり方全体に関係する。

5　杉並・和田中学の私企業化

杉並区立の和田中学が、進学塾サピックスと提携し月二万四〇〇〇円の受講料で、成績上位の生徒に「夜スペ（夜スペシャル）」という補講をし、成績下位の生徒に「ドテラ（土曜寺子屋）」という補講もしている。ドテラの講師はボランティア学生である。

また、和田中は公立校で初めてＰＴＡを廃止した（朝日新聞'08.3.23）。これに代わって地域本部を設置し、学生や主婦や退職者からボランティアを募集し、「夜スペ」の運営、「ドテラ」のサポート、登下校の安全確保、運動会の手伝い、保護者の研修等の活動をしている。

毎日新聞の三木記者は「公教育に一石」と和田中を高く評価している（'08.2.27.）。「夜スペ」が知識のみでなく考えさせる授業で、子どもの表情が生き生きしていたこと、成績下位生徒の補講もあり、生徒の多様なニーズに応えているからだという。

校長の藤原和博は「従来の公立中学は上位の子の成績向上の努力を怠ってきた」と批判し、「上位の子の成績向上は下位の子にも励みになる」と述べている。さらに、「多くの公立中の校長はマネイジメント能力に欠けていた」と苦言を呈している（朝日新聞'08.3.13.）。

問題の要は私企業化にある。私企業化とは公共体を企業体に変えることだ。公共体が担ってきた教育を商品化し、利益の対象にする。学校が企業体になれば、市場原理によって、最終的には株価に反映する。さらに株を持っているか否かによって、階級間の格差が拡大する。これが全体の構造だ。

この全体構造から和田中をみると、議論すべき焦点が浮かび上がる。第一は、公立中学に受講料を払うことの可否。受講料が多いか少ないかではなく、払うか払わないかの問題である。これは「義務教育は無償とする」という憲法第二六条に違反する。

第二は、公立校にボランティア講師を入れることの可否。どうして講師を公費で賄えないのか。第三は、ＰＴＡの廃止。ＰＴＡは親と教師の協議体だが、それを「地域本部」という奉仕体に変えたことになる。

国は義務教育負担金比率を二分の一から三分に一に減らし、財務省は文科省の教員増の二〇〇八年度予算要求を蹴った。中教審の出した教育振興基本計画にも教員増はない。指導要領改訂で授業時数が五％増えるのに教員増がないと、学校現場は有料の民間教師かボランティアに頼らざるをえない。

第四は、校長がいう「マネイジメント」の問題。公立校に「経営」がなじむか。公立校は授業の他に、部活動や行事や給食や保健、そして居場所としての役割があり、福祉の機能をもっている。福祉は「経営」になじまない。

こう見ると、和田中が公共体を私企業化する先鞭をつけたことが分かる。だから第五に、格差問題が浮かび上がる。私企業化とは公共体を企業体にすることにより利益を生み、それが株価に反映し、最終的には株主を富ませ、株を持っている者といない者との間に格差が生まれる。

公立高の全日制の授業料は平均月に一万円、定時制二六〇〇円だが、それが払えない家庭が増えている。そして、滞納者数と受験偏差値はみごとに相関する。底辺校では、全生徒の半数が滞納者となっている。二六〇〇円が払えない家庭が、約一〇倍にあたる「夜スペ」受講料の二万四〇〇〇円を払えるか。

毎日の記者や和田中の校長は故意か無意識か、上記五つの問題を授業方法の問題とすり替えた。そして私企業化が、あたかも庶民に得であるかの印象を与えた。私企業化すれば、公共体の福祉機能がなくなり、営みの全てが株価に換算され、庶民は働けど働けど、その努力の成果は富裕層の株主に吸い取られる仕組みになっているのに。

6　数値を示さず心情に訴える予算削減

大阪府知事の橋下徹は全職員に次のような文書を配布し、給与カットを要請した。

「府立学校や小中学校の教員、警察官、そして行政の職員。府の全職員の皆さんに大変厳しい内容になっています。府の組織のトップとして、不徳の致すところであり職員の皆さんに心からお詫びします」。

「こんな一律カットは一刻も早くやめたい。僕は今本気でそう思っています。僕は決して公務員の給料が高いと思っていません。しかし構造的にどうしようもない問題だと思っています。予算に占める人件費の割合が高く、府民の皆さんに我慢をお願いする中で真の財政再建を果たし、大阪のための次の一手を打たねばなりません」。

この文書は心情的に訴えているだけで、なぜ給与カットが必要かの理由を説明していない。かつて、橋下はテレビを通じ、光市母子殺害事件の被告側弁護士の懲戒請求を視聴者に煽った。庶民の心情を揺さぶるだけで、彼自身は手間のかかる懲戒請求はしていない。この手口は七〇年前のヒットラーと同じだ。

財政改革の内容は、給与のみでなく、私学助成等の教育費、医療や子育てや高齢者支援の福祉費、それに博物館や資料館や文学館の文化費も削減の対象にしている。

橋下は「構造的」に不可避と訴えているが、その「構造」とは何か。大阪府はバブル崩壊後に府債を発行し、公共事業を行なったが、法人税の伸びがなく、借金は五兆円に達した（毎日新聞 '08.6.8.）。

橋下の予算削減対象に国が行なう公共事業の自治体負担分は含まれていない。第二京浜道路や淀川上流ダム建設等の自治体負担分は三六五億円、この事業は多くの有識者が疑問視しているのに、改革案を出した時点では、削減の対象にしていない（朝日新聞 '08.6.7.）。この額は府職員の人件費削除分とほぼ同じだ。

府知事は赤字になった原因として、国との関係を述べていない。国は財政再建と称し、地方交付税を削減した。二〇〇〇年に二一兆四〇〇〇億だったが、二〇〇七年には一五兆二〇〇〇億、つまり六兆二〇〇〇億もカットしている（朝日新聞'08.4.30.）。

国の借金が八〇〇兆円だから「どうしようもない」のだろうか。野村総合研究所の二〇〇六年の調査によれば、日本人の個人金融資産合計は約一四九九兆円あり、強度の累進課税をすれば、赤字が解消するはずだ。

だが、国は三七％であった最高税率を二〇〇五年以降は二一・八％にした。逆累進課税である（朝日新聞'07.4.15. 国税庁確定申告調査）。超富裕層に重税を課すと、資産を海外に移してしまうからだ、というのがその理由だが……。

総務省の二〇〇七年普通交付税算定結果をみると、財政収入が一兆円を超えた都道府県は東京と愛知のみである。東京二兆四二四〇億円で、トヨタ自動車のある愛知は一兆五四七億円だ。この二都県を除いて他は全て地方交付税を受けている。先に述べたように、その交付税が減らされたのだ。

国が超富裕層に減税したから、国や地方財政が悪化した。地方で教育を受けた人材が中央に奪われ、企業も中央に集中する。この政策をすれば、多くの地方自治体が赤字になるのは当たり前ではないか。

テレビタレントである橋下の知事就任以前の年収は三億円だから（FRASH' 08.7.1.）、超富裕層に属する。国の富裕層優遇政策に加担するのも当然だ。

教育や福祉や医療の公共サービスを削られ被害を受けるのは庶民だが、「知事さんも困ってはる」と同調するように仕向けたのが先にあげた知事文書である。この手口にコロリと騙される庶民は、一九三〇年代にヒットラーに六〇％の票を与えたドイツの民衆に似ている。この民衆が恐い。

7 ビジネスに転用される教育個人データ

二〇〇八年一月、一〇歳未満の四〇人の子どもたちのDNAサンプル（遺伝子情報）が国に登録されたと、イギリスの新聞デイリー・メイル（08.3.21）が伝えている。

このDNAサンプルは犯罪に関わった際、有罪か無罪かの判断をする時の参考にするという。既にイングランドとウェールズでは一八歳以下のDNAサンプル四五〇万人分、一六歳以下の一五万人分が司法省に登録されている。来年には一〇歳から一八歳まで一五〇万人分が予定されている。

ロンドンの科学捜査庁長官は「児童の将来犯罪予測は五歳から必要だ」といい、警察庁長官は「将来は五歳の全データを確保する」と述べている。また、警察署長協会長は「予見的データ収集は市民のためだ」と言い、家庭教育局は「小学校からのデータ収集を検討中である」と述べている。

ビジネスに転用される教育個人データに、市民や人権団体が怒っている。犯罪予防とは言え、遺伝子で人間を判断するのは優生思想だし、データの収集には犯罪者だけではなく、容疑者も含んでいるから、偏見も入りやすい。監視網の野放図な拡大は、まるで悪魔にとりつかれたようだと激怒している。

実はDNAデータ問題に先立ち、もう一つの問題がある。二〇〇八年二月、政府は全英の一四歳の個人データをIT化すると発表した（ロンドン・タイムズ '08.2.13.）。

ビジネスに転用される教育個人データ化されるのは第一に全国一斉テストの成績、第二に退学歴、第三に学校追放歴である。このデータは高卒や大卒の時期に、国民健康保険や国民兵役や地方自治体や大学や就職先の企業が使える。

ビジネスに転用される教育個人データの保管はMIAP（Managing Information Across Partners）が行なう。これは政府の代理機関であり、政府と情報を共有し、市民に情報提供するものだが、市民から情報を強制的に収集する権限を与えられていて、データを永久保管する。

ＭＩＡＰのスポークスマンは次のように語っている。データは教育技能省の管轄下に置かれ、四〇の預かり機関が分散保管する。目的は教育や訓練の支援にあり、キャリアガイダンスとして使う。これは徴税や政府の情報管理とは違う。個人もこのデータをネットで検索できるが、パスワードは保護されている。

これに対して、教員組合や人権団体が反対している。「このようなビッグ・ブラザー・アプローチ Big Brother Approach（ジョージ・オーウェルの小説『一九八五年』の中で、民衆を意のままに操る指導者が出てくるが、その指導者の姿を見たことのある人はいない。指導者は「ビッグ・ブラザー」と呼ばれている）がなぜ必要か」、「個人情報を管理する権限は政府にないはずだ」「成績を記載する必要性がない」「データが売り渡される危険性がある」「過去に健康保険や年金の二五〇〇万人分のデータを紛失した、ＩＴ災害の教訓をいかせ、政府の責任は重大だ」。

また、ＰＴＡ連合会長マーガレット・モリシィは次のように語っている。「ＭＩＡＰ計画で一四歳の全情報を収集し登録するのは、まさに恐怖である。まるで、子どもに二人の保護者がいるようだ。家庭と政府と」。

マーガレットの言うように、ＤＮＡデータや一四歳データの政府保管は恐怖である。国民総管理体制が出来つつあるからだが、ひとつ見落としてはならない点がある。マーガレットは「家庭と政府と」と言ったが、タイムズの記事の随所に、企業が顔を出している。このデータは商売の道具として使われる可能性を秘めている。

なぜＭＩＡＰという機関が絡むのか。今の経済状況は、ＷＴＯ率いる金融資本連合体が世界制覇した時代と見た方がいい。政府はその代理人でしかない。金融資本は世界の一％に満たない超富裕層を利するために動いている。政府による超管理体制は、超格差をもたらすにちがいない。

8　中高一貫で追いやられる定時制・通信制

一九九七年の中教審で、「平等ではなく個性重視を」という答申が出され、一九九九年に公立の中高一貫校が制度化された。二〇〇二年の経済諮問会議で遠山文部科学相は「伸びる子はどんどん伸ばしていく、これは大転換」と発言している。

公立の中高一貫校は二〇〇七年に全国で一四九校に達した。文科省はこれを五〇〇校にするプランを立てている。だが入試倍率が高い。千葉県立千葉中学は二七倍、埼玉市立浦和中学は二五倍、大阪市立咲くやこの花中学は一四倍、東京都立白鴎高付属中学一四倍である。私立を含めると、中高一貫校は首都圏に三〇〇校ある。二〇〇七年に首都圏の小学六年生三〇万七〇〇〇人のうち五万二〇〇〇人（一六・九％）が受験し、〇八年に二九万六〇〇〇人のうち五万二三〇〇人（一七・七％）が受験したから、増える傾向にある（朝日新聞'08.1.15.）。

公私立の中高一貫校の受験競争が激しいから、俗に「三・三」と呼ばれる現象がある。小学校の三年生の三月から受験勉強しないと「間に合わない」というのだ。

子どもを中学受験専門塾に通わせた人の話によると、クラスが成績順にＡＢＣに分けられ、座席も前方から成績順になっている。塾の教師が「五万人の戦いは始まっています。国・数の二科目では危ない、理・社を加えて四科目を受講しなさい」と勧めるそうだ。

費用は、最初にテキスト代一〇万円、受講料が一科目で月一万円、四教科だと四万円、夏期講習が一四日間で八万四〇〇〇円かかる。三年生以上の子どもが二人いたら、年に軽く一〇〇万円を突破する。

一方に定時制や通信制がある。一貫校の影に隠れ、というより一貫校に追いやられて、冷や飯を食わされたのが定通高校だ。

二〇〇二年以降、石原都政で行なわれた高校再編計画は「学区撤廃」と「進学指導重点校」を作ることにあった。一九九九年に八七八校あった都立高校を二〇〇七年に七九四校に減らし、定時制は一〇〇校を五五校に減らした。大阪でも、〇三年の再編で二九校あった定時制を一五校に減らした。

「立場の弱い子救うのが公教育では」という見出しの朝日新聞の記事（'08.8.9. 野沢哲也記者）に、千葉県の例が紹介されている。二〇〇三年に県立千葉高校を一貫校にするため、千葉高校定時制は募集を停止され、在校生は生浜高校に転校させられた。千葉高校には歩いて通えたが、生浜高校は市の最南端にあり、電車で三〇分以上かかる。また千葉東高校にあった通信制を大宮高校に移した。東高には歩いて通えたのに大宮高には電車で二時間かかる。

神奈川県では数年前まで定時制の応募者は三〇〇人程度だったが、年々増え二〇〇七年には一〇〇〇人を突破した。私立やサポート校には経済的に行けず、公立全日制に受からない子がいるのだ。だが統廃合で定時制を減らしたため、彼らを収容できない事態になった。

そこで、神奈川県では二〇〇八年に横浜修悠館高校という昼夜開講の大型の通信制を発足させた。二〇〇八年度の新入の一年生は一二一九名、湘南と平沼通信制を合併したので在校生二六一五名がいる。充足時には五〇〇〇人の学校になる。

廃校になった泉高校の校舎を使い、給食設備も運動場の照明設備も大型教室もない。四七名の専任教師は交代勤務だから、日常の在校教師は一〇名ほどしかいない。新入生の説明会で書類を渡すのに六時間以上かかった。

生徒には精神障害者や不登校経験者やヤンキーと呼ばれる者もいて、しばしば事件を起こす。近所や保護者からの苦情電話が毎日かかってくる。クラブ活動をしたいという生徒もいるが、条件が整わずに叶えられない。四月から今まで自殺者を二人も出した。

公立一貫校や進学重点校を作ったために、定時制や通信制を隅に追いやった。恵まれた家庭の子を競争させるために、恵まれない家庭の子を冷遇する教育行政が公然と行なわれたのだ。一連の教育改革は悪魔の仕業としか思えない。多くのマスコミが無視する中、この現実をよく伝えた朝日の野沢記者は偉い。

9　五歳までに五〇〇課題が必須の早期教育とは

イギリスで早期教育が話題となっている。政府が指導要領で、誕生から五歳までに、子どもの果たすべき五〇〇の発達課題を二〇〇八年の秋に提示すると発表したからである（ロンドン・タイムズ '08.3.24.）。

早期の基礎能力（Early Years Foundation Stage）には、書く能力、問題解決能力、数的思考能力の三分野があり、イングランドにある二万五〇〇〇の幼稚園と保育園にこれを適用するという。

法制化されると、幼稚園や保育園には玩具箱の代わりに点検箱（Tick-box）が置かれ、どの子がどの程度の能力があるかが分かるようになるという。それに学校査察局（Ofsted）

が入ることになる。この査察は三年に一度行なわれ、優・良・可・不可の四段階で査定し、不可がある学校は半年毎の査察を二年間行ない、それでも改善されない場合は閉校となる。

全英教員組合の書記長スティブ・シンノット氏が反対意見を述べている。早期教育の効果については、学者の間でも意見が分かれているし、幼児教育のカリキュラム化が果たしていいのかどうか。「カリキュラムそのものが悪いわけではないが、危険なのは、カリキュラムへの服従である。全ての子を一律の方向で教育するのが恐い」と批判している。

この批判は当たっている。乳幼児の発達課題を五〇〇項目も上げてカリキュラム化することは、とんでもないことだ。親や教師や保育士の子どもを見る目が変わるに違いない。子どもは多様で「発達」の遅れもあるし、質も違う。カリキュラム化された指標に従うと、自然を損なうことになる。

日本には「七つまでは神のうち」という諺があり、「ものあやかり」と言って、子を自然に任せ、変化を見守る意味があった。「撫育」ということばもあり、子を可愛がって育てる意味もあった。教育（Education）は近代に生まれた語で、さほどいいものではない。

記事の見出しに「遊ぶ時間がなくなる」とあるが、そのとおりで、子どもの遊びの重要さを軽視した暴挙といえる。遊びは目的がなく、行為そのものを楽しむもので、子どもたちはその中から、人や動物や植物に触れて育っていく。その経験が豊かであれば、それでいい。

カリキュラム化は目的を示すことだから、遊びと対立する。乳幼児に遊びより教育を求める大人たちは自然を冒瀆するものだ。大人たちが焦っているとしか思えない。イギリス政府はその大人の焦りを代弁している。と言うより、焦りを利用して利益を増やそうとしている。

ブレア首相に代わって登場したブラウン政権は二〇〇七年に教育の行政改革を行なった。日本の文部科学省に当たる教育技能省（Department for Education and Skill）を「こども・学校・家庭省（Department for Children, Schools and Families）」と「技術革新・大学・技能省（Department for Innovation, Universities and Skills）」の二省に分けた。この二つの省を見ると、前者に教育を、後者に革新的な技術と技能を課して、グローバル規模の競争社会に与していこうとする姿勢が窺われる。

「こども・学校・家庭省」を作ったからには、乳幼児の教育課題も示さなくてはならない。

今までは、乳幼児は家庭や保育所に任せていたのを、これからは政府の主導で教育しようと力んでいるように見える。

もう一つの危惧がある。教育の民営化である。日・米・英とも公教育を私企業に委ねようとしている。乳幼児の課題が示されると、教育商品の数が増える。イギリスは「揺り籠から墓場まで」のことばが示すように、社会保障の行き届いた国と思われていた。

これからは「揺り籠から墓場まで」の商品が氾濫するに違いない。利益を目的とする企業が、子どもや親たちの幸せを考えているとは思えない。私企業化を進める政府も、国民の幸せを考えているとは思えない。

10　貧困の連鎖と学校

私の属する神奈川県高等学校の教育研究所で、この一二月初旬に「貧困の連鎖と学校」というシンポジウムを開いた（二〇〇八年）。ＮＰＯ法人「もやい」の理事である稲葉剛さん、それに二人の県立高定時制教師の話を聞いた。

稲葉さんは学生時代に、新宿のホームレスの調査や支援活動をしてきた。高度経済成長期の一九六〇年代に、高層ビルの建築や土木作業に従事し、九〇年代に、ビルの谷間の道路で暮らす人たちがいたのだ。

貯蓄ゼロ世帯は一九六五年に六二万だったが、二〇〇五年に一〇〇〇万に達し、失業と同時に住まいを失った人々が出た。ネットカフェ難民の他に、友人宅に居候し、カプセルホテルやファストフード店、カラオケボックスに寝泊まりする人もいる。これをハウジングプアと総称する。

貧困ビジネスが生まれた。ゼロゼロ物件と言い礼金敷金を取らずに住居を貸すが、家賃を滞納すると無断で立ち入り、荷物を撤去し、鍵を取り替え、年利五〇〇〇%の違約金と再利用料一万五〇〇〇円を徴収する。このスマイルサービス社の手口は新聞各紙が伝えている。

これは借地借家法違反だが、「鍵付施設利用契約」とか「生存確認手数料」の名目で法の網を潜る。この背景に、一九九九年の借地借家法の改定など、住宅政策の規制緩和を進めてきた政府の悪意が潜んでいる。

一方で、泣き寝入りする意識の貧しさがある。「自己責任」を強調され、自己肯定感を失い、福祉を権利と思わず、相談する相手もいない人々がいる。当然の権利を主張するために、生活保護を受ける手助けをするのが「もやい」の活動だと稲葉さんは語った。

二人の定時制教師はこもごもに、現状を説明した。貧困家庭が増え、公立定時制への応募者が増えている。一校三三〇名の生徒のうち、授業料免除者（生活保護並みの収入）が九〇人いる。四年生で授業料を滞納した者がいて、免除規定に該当するのに、それを知らなかった例があり、担任も慌てたという。本人の権利意識もなかったのだ。

父子家庭の生徒がアルバイトで稼いだ金を父が奪い、姿をくらましたと嘆いている。教師はどう慰めたらいいか分からない。

生活保護家庭の生徒が貧困から抜け出すために、大学に進学したいという。学力面で国公立は無理なので、私大を目指して月々一〇万を貯金したが、それが原因で生活保護を打ち切られ、大学進学を断念したという。

施設出身の生徒が住み込みで新聞配達の仕事をしたが、遅刻や欠席が多くなり、定時制に通うために転職したが、そのとたんに住む所がなくて困っている。

日本人の父とフィリピン人の母をもつ女生徒がいて、父が死亡し彼女が主な働き手となり、弟の保証人にもなっているが、欠席が多くなり進級ができなくなった。

その他、対外試合の交通費がなくて部活を辞めた生徒、通学費がなくて学校に来られない生徒、健康保険料を滞納して病院にいけない生徒の例が紹介された。

大学の予約奨学制の申し込みが、育英会の人員削減のためにパソコン受け付けになった。

生徒はパソコンを持っていないので、教師が代行せざるを得ない。それにしても、定時制教師の仕事が忙しくなった。国語科四人の教師のうち、常勤は一人で三人は非常勤、新卒で熱心な非常勤教師が一年で辞めていく。常勤教師の増員を要求したが、県教委は「定時制希望者が無い」と言って受け付けない。定時制の勤務条件が悪いからだが、県教委には話が通じないという。

　全体として、階級格差が学校にも及んでいる現状が明らかになった。さらに格差の固定が人の関係をバラバラにした。だから当面は、保護司と教師、教師と生徒、生徒間、非常勤と常勤の関係を再構築することが必要になる。「互いに愚痴を言い合える関係を大切にしよう」と、稲葉さんが締めくくった。

11 通信制で単位取得が簡単に

簡単に通信制高校の歴史を見ておきたい（手島純『これが通信制高校だ』北斗出版）。

一九四七年に出来た学校教育法の四五条に「高校は通信制で行うことができる」とある。当初は僅かの者しか利用していなかったが、一九五〇年に文部省に通信教育部門ができ、一九五六年に高校通信教育規定ができている。一九五八年に近畿大学と東海大学の付属高校通信制が参入し、教材郵送の割引制度も発足した。

一九六一年の改定学校教育法には「高校に全日制・定時制と同等な通信制をおくことができる」と書かれ、この頃の在校生は全国で数万人だったが、二〇〇〇年には一八万になる。

今や通信制高校が大流行だ。二〇〇八年の文部科学省調査によると、通信制高校は併設校一一八、単独校七九、合わせて全国で一九七校に達する。「通信制高校へ参入続々」という朝日新聞の記事（'08.11.1）には、一〇万人の不登校生がいるから「ビジネスチャンスだ」と業者が叫んでいるという。

二〇〇五年に名古屋の中央出版が屋久島大空高校を、早稲田予備校が千葉県に「わせがく高校」をつくり、そのパンフに「逆境にある子を支援したい」と書いてある。

二〇〇八年に富士コンピューターが兵庫県に相生学院高校を、大阪の英会話学校ＥＣＣが滋賀県の高島市ＥＣＣ学園高校を作っている。費用は一単位の取得に約七〇〇〇円だから、高卒に必要な七四単位を得るには、約五二万円を要する。

ある私塾教師の話によると、塾生が首都圏のある私立の通信制高校のパンフをもってきた。読んで見ると、「じっくり学べます」「授業料も安いよ」「過去に履修された方は、高卒認定テストに全員が合格している実績があります。」などと書いてある。

それに加え「一科目一～二日間で修得できます。時間のない方にはピッタリです」とも書いてあるから、「常識では考えられないから、もう一度問い合わせてごらん」と告げた。

その後で、「やっぱり、できるそうです」との返事をもらってきた。

一単位を取るのに一万円だという。その塾生は高卒認定テストの二教科の成績が悪く、どの学校でも単位が取れそうにない。でも不思議なことに、その通信制高校から単位をもらってきた。スクーリングにいったら、先生が答案をもってきて「これをそのまま写しなさい」と指示したという。

「詐欺ではないか」と私塾の教師は思ったが、本人が喜んでいるので「まあいいか」と考え直したという。以前にアメリカで、息子が大学を卒業したが、読み書きの基本も教えてもらわなかったという理由で大学を提訴した親がいた。大学も大学だが、親も親だと思わせる事件だが、日本ではどうなるか。

資格や単位や学位の売り買いは以前からあるが、教育に市場原理が導入され、規制緩和され様々な形で私企業化が進むと、これが一層盛んになる。

ソフトバンクの子会社が経営するサイバー大学に文科省が改善を指示している。学生が一度も通学せずに卒業できる仕組みのため、替え玉が講義や試験を受けることが可能だからだ。六二〇人いる学生の三割に一度も対面やカメラによる本人確認をしていない（朝日新聞'08.1.22.)。

通信教育の名を借りた詐欺まがいの資格商品が出回る。株や為替の空売り空買いが盛んだから、教育市場もそれに倣うのだろう。年に数十万円を払えば、高卒資格が得られる。だが、貧困家庭で成績の悪い子はどうなるか。そこで、公立の通信制高校に押し寄せることになる。二〇〇八年に新設した神奈川県立横浜修悠館高校(単位・通信制)に一二一九名の新入生が入り、充足時には数千人の大規模校になるという。専任教師は四七人、廃校を改築した校舎には夜間照明や給食設備や大教室はない。

通信制が格差の象徴になるのだろうか。

12 ネットに時間を奪われる子どもたち

ロンドン・タイムズ（'09.1.22.）は消費者協会会長であるエド・メイヨウ著『消費者としての子ども』を紹介している。

一〇歳から一一歳の誕生日までの一年間に、テレビが九四九時間、ゲームが五一一時間、ネットが四七四・五時間で、この三者、エレクトリック・ベビーシッター（電子子守）の前に居る時間の総計は一九三四・五時間となる。ところが学校の年間授業時間の総計は九〇〇時間、家族と過ごす時間の総計は一二七四・五時間である。

自分の部屋にテレビを持っているのは、六歳の子の六〇％、一〇代では九〇％いる。テレビ情報の影響を受けたと思っている子は九八％で、家庭情報の影響を受けたと思っている子は四八％に過ぎない。家庭の貧富の差は関係なく、テレビは子どもに強い影響を与えている。

小学生の三分の二は登校前と就寝前にテレビを観ている。三分の一は専用のパソコンを持ち、三分の二がゲーム器を持ち、四分の一がネットにアクセスしている。アクセス者の八五％はウェブサイトにメールアドレス・ユーザー名・誕生日・性別・年齢等の個人情報を登録し、そのうちの一五％の子がサイト側の宣伝をし、三五％が積極的に情報提供している。

子どもたちがＩＴ機器を使って消費された額は、過去五年間で三三％増加し、総額一九兆円になり、そのうち子どもの小遣いから二兆四〇〇〇億円が支払われている。

パラダイム（時代に共通な考え方）の転換である。伝統パラダイムは家庭と学校が中心で、そこで学力や社会規範や人間関係を育んでいた。これからは、巨大資本が支配するサイバー・パラダイムの時代に入る。そこで提供される情報や規範や関係から子どもたちは逃れられない、とエド・メイヨウは言う。

折しも、日本の文科省は携帯電話の大規模調査を発表した（'09.2.26.）。対象は小学校六年生と中学二年生と高校二年生とその親一万七〇〇〇人である。高校生のみを紹介すると、携帯電話の所持は九六%、プロフィールサイト（性別・年齢・住居・趣味等を書き込み、共通の関心テーマで情報のやり取りをするが、いじめ・性・薬物・自殺・犯罪等の場にもなっている）に参加した者は四四・三%、ブログ（ホームページに綴る日記、個人情報のやり取りをする）に参加した者は四一・六%である。

親の制約なしに一人で自由にしている者が五四%、一日にメールを三〇通以上出している者は二八・六%、場面として、自分の部屋七〇%、授業中二〇%、食事中二二%、入浴中一七%であり、ほぼ四六時中電子子守に接している。トラブル経験者は七〇%、チェーンメール（脅迫文等の転送を強制する）経験者も七〇%、フィルタリング（悪質ネット接触禁止装置）利用は一五・六%である。ネットを利用する時間は一日に、一〜三時間が男子二二%、女子三一%である。三時間以上が男子六%、女子一五%である。

文部科学省調査にはパラダイムの視点がないが、エド・メイヨウの調査結果と一致する。携帯保持者はほぼ全員で、電話ではなくメール交信をしている。プロフやブログの経験者はほぼ半数、家族や教師と離れて一人である。しかも、トラブルやチェーンメール経験者が多数派で、自衛意識を持つ者は少数派である。

今やグローバル資本が全世界の十代の子どもたちを親や教師から引き離し、欲望を刺激しながら、ネットの領域に引き込み、小遣いをも巻き上げた。子どもは親や教師からの情報よりもテレビやネット情報を信じ、家庭や学校で過ごす時間よりも、電子子守の前で過ごす時間が多く、公的カリキュラムより私企業カリキュラムを「学習」している。

学力低下を教育のせいにして、「教育再生」などと言うのはピントがずれている。家庭や学校で過ごす時間の相対的な減少、生身の関係を喪失し、個室で孤立し、体験や自然との触れ合いが無く、知性や理性より面白さや欲望に従う態度、これらはみな私企業カリキュラムのもたらしたものだ。

13 理科の試験が易しすぎる

1　成績壊滅的

ロンドン・タイムズ（'08.10.16.）によると、ブラッドフォード市のある学区で、高校卒業認定テストの合格者が三・三％しかいなかった。同じ市内でも、別の学区では合格者が八六・三％も出た。ロンドンの各学区では合格者が多いが、三六％しか合格者が出ない学区もある。オックスフォードやミルトンキーンズは富裕層の市と見られていたが、そこに下から五番目とか二番目という学区もある。マンチェスターやトラフォードは労働者の多い市と見られていたが、その市に上から五番目という学区がある。

格差が複雑になってきた。昔は南北の格差が強調されていたが、今は地域内に格差が生じ、まだら模様の格差地図が描けるほどになってきた。

イギリスは二大政党制であり、野党が影の内閣を作っているから、内閣が二つある。この記事に、影の文相が登場し「格差是正が必要だ。スウェーデン方式で、貧困層に臨時金を支給すべきだ」と語っている。表の文相は「富裕層と貧困層の成績格差は埋まってきているが、まだやるべきことはある」と語っている。

注目すべきは、両文相が成績格差の原因を、生徒や学校や教師の責任ではなく、経済格差にあることを認めたことだ。教育に市場原理を導入し、生徒や教師や学校を競争させてきた結果、経済格差に比例して、成績格差のまだら模様が生じた。このことは始めから分かっていたのに、何故か、今頃気づいた様子である。

ところで、もう一つの記事（デイリー・メイル'08.11.27.）では、高卒認定テストの理科の成績が「カタストロフィカル（破滅的）」に下がったことを伝えている。王立科学協会は調査のために、今の高校生に、一九六〇年、七〇年、八〇年、九〇年、それに二〇〇〇年の理科問題をやらせてみた。全体の平均点は一〇〇点満点で二五点だが、二〇〇〇年の問題は三五点であり、一九六〇年の問題では一六点しか取れなかった。そこで、理科問題が半世紀のうちにぐんぐん易しくなってきたことを指摘し、これは由々《ゆゆ》しきことだと論じている。特に、一九六〇年代・七〇年代に比し、八〇年代以降、極度に易しくなっていると批判している。

記事の文末の問題をみると「なるほど」と納得する。一九六〇年代の問題は、飽和溶液を振動させ、加熱し、冷却した場合の残留物の重さと合成物を問うているが、二〇〇〇年代は、二者択一であり、元素記号を聞き、化合物を当てさせる単純な問題だ。

この記事では、影の文相と表の文相が対立している。前者が「二一世紀への挑戦は不可能に近い」と批判すれば、後者は「理科水準は年々上昇している」と応じている。客観的にみて後者の分が悪い。七割近い生徒が酸素の元素記号も答えられないのだから。

不思議なのは、先に紹介した記事では、両文相とも経済格差が成績格差に連動していることを認めたのに、ここでは学力低下の原因をテスト問題の難易度に限定していることだ。影内閣文相は「問題を高度化せよ」と言い、内閣文相は「今のままでよい」という。

イギリスの就職難は日本以上だ。年に二五万の大卒者のうち、専門職の求人数は八万しかない（ザ・メイル・オン・サンデー'05.6.28.）。専門職に就けるのはオックスフォード、ケンブリッジ卒業者のみ（デイリー・メイル'05.9.22.）、看護士の新資格者が一万人も就職できないでいる（ロンドン・タイムズ'06.4.26.）。これは、理科への関心が低くなるのは当然ではないか。

学力低下を教育問題としてのみ考える風潮はどこの国でも見られるが、階級的格差や労働問題との関連で見ていかないと、議論が堂々巡りする。これほど格差や失業が騒がれているのに、その背景を無視する癖が直らないのが不思議に思える。

2　成績悪化の社会背景

イギリスの高卒認定テストの理科問題が昔に比べて易し過ぎると、デイリー・メイル紙（'09.3.28.）が再度伝えている。例えば一九六〇年代には「飽和溶液を振動させ、加熱し、冷却した場合の残留物の重さと合成物を問う」問題が出されているが、二〇〇〇年以降には「酸素の元素記号は何か、N・C・P・Oから一つを選べ」と、単純になっている。

王立科学協会の会長は理科の学力低下は「カタストロフィカル（壊滅的）」と表現し、理科問題を難しくしろとテスト委員会に働きかけている。

日本でも高校生の理科離れがある。国立教育政策研究所の調査によると、「六〇％以上の生徒が理科の授業が好き」と答えた小学校教師は六三％、中学教師は四二％だが、高校教師は九％しかいない（毎日新聞'09.4.6.）。同研究所は「科学技術立国を支える人材を育てるには、こうした現状を基に理科離れ対策を考えるべきだ」と述べている。毎日新聞の記者は「大学受験重視の授業が生徒の理科離れを助長している」と指摘している。

不思議なのは、理科の学力低下の原因を、受験や授業時数や教育方法やテスト問題の難易度に限定していることだ。高校生の理科離れの主な原因は、以下の幾つか考えられる。

第一に、労働市場では若年失業が世界的規模で増えている（佐々木賢『教育と格差社会』青土社）。高卒や大卒でフリーターやニートになる者がいる時、溶液化学変化の知識を身につけようと思う高校生がいるだろうか。むろん、誰しも理科知識を持っていた方がいい。だが一部エリートに創造的な仕事を独占され、若者大衆がそれを「高嶺の花」と見ている場合、全体の学力は上がらない。

第二に、理科に限らず、他の学科の学力低下も伝えられている。日本では、漢字能力検定の二級合格者（高卒程度）が一九九七年から二〇〇六年まで、一〇年連続で二〇％以下になった（毎日新聞'08.3.2.）。地理のテストで「宮崎県がどこにあるか」を知らない高校生が五八％もいる（朝日新聞'09.3.20.）。

イギリスでも、スペルが書けない生徒（ロンドン・タイムズ'05.2.3.）、口頭コミュニケーションができない若者（ロンドン・タイムズ'06.12.14.）、高校でラテン語やギリシア語が死滅（ロンドン・タイムズ'07.1.3.）、黒人の高校卒業認定テスト合格者が一〇年連続で一七％以下（ロンドン・タイムズ'03.2.21.）、白人労働者階級の高校生の学力がアジア人を下回る（デイリー・メイル'07.1.13.）、生徒は国際テストの成績が低位のまま（ロンドン・タイムズ'07.12.5.）、本が読めなくとも大学合格（ロンドン・タイムズ'07.12.8.）、自分の名前が書けない子どもたち（ロンドン・タイムズ'07.12.10.）等々、学力低下に関する記事は数え上げれば切りがない。ここには格差や貧困、活字と文字文化の衰退、テレビや携帯電話文化の影響等々が考えられる。

第三に、発明や発見を促すには、子どもの頃から自然や動植物に親しむ機会が必要だ。ところが今は、都市開発が進み、地方文化の衰退があり、地球環境や自然破壊が取り沙汰されている。それが高校生の理科離れを促しているに違いない。

学力を論ずる場合、経済格差、言語生活などの文化変容、労働市場の変化、自然や環境の変化等の、教育以外の問題を総合的に検証しなければならない。

自分の中の優生思想

14

日本社会臨床学会の総会が奈良で開かれ、「優生学から新優生学へ」というシンポジウムがあった。そこで、アメリカ在住の秋葉聡さんが「アメリカ優生思想の伝統と現在」という話をされた。彼は一九六〇年代にアメリカに渡り、四〇年間大学の先生をしながら優生思想の研究をしてきた方だ。第二次世界大戦の直後、優生思想の研究がタブー視されていたが、秋葉さんが資料を掘り起こした。

私は今の日本は民衆ファシズムの時期にあり、その中核に優生思想があると思っているので、興味深く秋葉さんの話に聞き入った。優生思想を最初に提起したのは、イギリスのフランシス・ゴルトンで、一八六五年に「天才の遺伝」という論文で学会にデビューした。

「優生学はより優れた生殖による人類の進歩」と定義し、それがアメリカに伝えられた。後にドイツに渡り、ヒットラーが政策として実行した。最初に障害者を抹殺するため、一九三三年に遺伝病子孫予防法（断種法）を制定した。後にそれをユダヤ人に適用し、六〇〇万人を殺害した。

アメリカの旧優生思想の動きとして、一九〇九年にインディアナ州で「優生不妊手術法」が制定され、一九二二年のヘアリー・ローリンが「違憲審査通過優生不妊手術法」を提唱し、それに「優生赤ちゃんコンテスト」も行なわれたという。

戦後、新優生思想がまた出てきた。一九六三年に「生きるに値しない生命」と称してダウン症児を殺した事件、一九六七年にニュージャージー州で重度障害児堕胎の権利をめぐる裁判があり、一九六〇年代のジョンソン政権の時期に、「対貧困戦争」と称して、プアホワイトや黒人女性に強制不妊手術をし、その数は、一九八〇年までにおよそ一〇万から一五万人に達した。

最近では、二〇〇四年のブッシュ政権の時期、生活保護が廃止され、私生児生活保護は残されたが、その家庭で、子どもは二人に限定された。（秋葉さんの論文は「社会臨床雑誌」

'05.6.19; '08.2.24; '09.11.8. を参照されたい)。

日本でも、今、草の根の優生思想の動きを感じる。関西のある都市の生活保護申請受付係の職員が「怠けて働かない人が保護の申請をするはけしからん、福祉給付を減らすことが世のためだ」という意見をインターネットで流したら、賛成者が続出した。

東京の石原都知事は一九九九年に、府中療育センターを視察した際「ああいう人って人格があるのかね。ああいう問題って安楽死につながるんじゃない」(朝日新聞 '99.9.18.) と聞いた。また「文明がもたらした悪しき有害なものはババァなんだそうだ。女性は閉経したら、子どもを生む力はない。そんな人間が長生きするっていうのは地球にとって悪しき弊害だ」(週刊女性 '01.11.6.) と発言した。石原はどうでもいいが、この人に投票した都民が三〇〇万人いることを忘れられない。

優生思想は民衆の生活感情の中にある。それは人間を学歴や性や人種や職業や身なりで優劣に分け差別的に見る心性だ。折しも今年(二〇〇九年)、ロバート・パクストン『ファシズム解剖学』の訳書が出版された。この本ではヒットラーやムッソリーニが分析されているが、他の歴史的独裁者と違う点が示されている。民衆の優生思想を利用した点である。

単なる独裁者の虐殺は部分的だが、優生思想に基づく虐殺はジェノサイド（皆殺し）につながる。

それに近代の科学技術が加わり、チクロンのガス室を使う。昔の兵器では六〇〇万人を殺すには二〇〇年かかる。それを一年以内にやってのけた。それもドイツやユダヤ人評議会やポーランド人等の民衆の「力」を借りている。重要なのは、ヒットラーもムッソリーニも石原も選挙で選ばれている。話し合いを「間抜けな議論」（ヒットラーのことば）と蔑視する「強力な指導者」を民衆の多数が支持した。今を生きるには、自分の中の優生思想とすぐ隣にいる優生思想者と向き合わなければならないことを痛感する。

管理社会の変容

15

96

日本社会臨床学会のシンポジウム「心理主義化と薬物療法の現在を考える」で、大阪市立大学の中井孝章さん、法政大学の中島浩壽さん、東大病院の戸恒香苗さんの話が聞けた。特に中井さんの「心理主義から環境制御主義への移行」という報告を中心に、私の整理した概略を紹介したい。

社会の管理システムが変わってきた。従来は閉鎖空間に見張りをつけて統制や管理をしたが、今は監視カメラやセキュリティ・システムで管理する。つまり環境を整えて、人に意識させずに管理するのだ。昔は境界を明確にしたが、今は境界を取り払っていく。病院では解放病棟があるし、在宅介護も進むし、学校より生涯学習を強調し、観点別評価などを唱え、社会人教師がいて、高卒認定テストがある。

昔は実質的な個人を管理したが、今は分割可能な個人であり、取り替えの利く個人を管理する。昔は家庭や学校や職場でその個人が誰なのかが分かっていたが、これからは暗証番号やＩＤ番号、パスワードや住基ネットで確認し、コントロール群としてＤＮＡサンプル等をデータバンクに登録する。

人の居場所は衛星を使ったサテライト・システムやユビキタス・ネットで探れるようにする。子どもが何処にいるのか親に分かるキッズ携帯はその走りだ。

昔は個人の役割があったが、今は役割意識が廃れた。というのも個人の欲望に従って環境が整備されるからだ。学校選択の自由があり、本人や親や教師が地域の学校を育てる必要がない。教師は子どもの欲望や空気を読む能力「ＫＹ」やカウンセリング・マインドが求められる。それを強く求める親はモンスターペアレントと呼ばれる。

昔は子どもに服従を求めたが、これからは身体的反射作用を調教し、欲望を操作し、本人が意識しないまま一定の行動をさせる。出産の時にChoosing - inという方法で、初期の胚受精卵を選択し、好ましい遺伝子を子宮に戻し、Screening - outでは悪性遺伝病をもつ子を中絶してしまう。

昔から教育や訓練やしつけが大切だといわれてきたが、これからはあまり気にしなくてよくなる。ウツ病になったらブロザックを飲ませ、逆にADHDと見なされたらリタリンを飲ませる。ブロザックの使用量は最近一〇年間で七三倍も増えた。ウツ病にコンサータ、ADHDにパキシリという新薬もでている。トラウマには記憶消去剤が処方され、やる気を起こさせるにはアルツハイマー薬のアリセプトという記憶増進剤を使う。アメリカのエリート大学の学生の二〇%がSSRIという薬を飲んだ経験がある。ただし副作用があって自殺願望が増えるという。

Fixing - up と称して、知性や記憶や音感や運動能力を強化する方法が研究されている。ドーピングや美容整形や成長ホルモンの流行を見れば分かる。Designer - Child というサイボーグ化した人間（人造人間）が求められている。こうなると教育や訓練は影が薄くなる。

昔は罰則を強化し道徳を説いて犯罪防止に努めたが、これからは犯罪機会論が主流となる。街に死角を無くし、区画整理して監視の目が隈なく届く。すでに不正乗車のキセル防止には、自動改札と磁気カードがある。飲酒運転防止にはアルコール感知器を取り付け、車が自動的に停止するようになる。

親が注意しなくとも、子どもに見せたくない携帯サイトやテレビ番組を自動的に遮断できるシステムを付ける。こういう社会を目指すことが、果たして人間にとって幸せか。

16　不登校新聞 Fonte のアンケート

不登校新聞の Fonte（'09.8.15）が総選挙を前に、フリースクール・不登校・ひきこもり・秋葉原事件の四項目について、各政党の考え方と対策を聞いている。

ここで秋葉原事件のみ、各党の答えを見ておきたい。自民党は「厳しい経済情勢と自立の遅れ」を指摘し「各関係機関の連携」を唱え、公明党は「深刻さ」を認め「労働環境整備」を唱え、民主党は「雇用の悪化」を指摘し「住まいと仕事確保法」を提案し、共産党は「一九九九年の派遣法改悪」に原因ありとし「最低賃金一〇〇〇円」を提案し、社民党は「規制緩和策の結果だ」と指摘し、「同一労働同一賃金」を唱え、国民新党は「小泉内閣の構造改革の結果だ」と指摘、「財政支出二〇〇兆円で経済成長と雇用創出」を唱えている。

自民・公明の与党は構造改革のツケを他人事のように見て無責任だし、対策も抽象的で分からない。野党四党も世界の若年失業を視野に入れず、対策の財源について論じていない。総じて、今世界で何が起こっているかの全体像が浮かばない。だから各党の対策は対症療法に終わっている。

国連大学が行なった二〇〇〇年の家計調査では、世界の家計合計が年に一二五兆ドルで、総人口で割ると、一人当たり二五〇〇ドルになる。だが、人口の一％の人が九九％の富を持ち、九九％の人が一％の富を分け合っているという（前掲）。世界中に飢えや貧困があり、二億五〇〇〇万人の児童労働や奴隷労働があるのは、一九九〇年以降に世界資本が進めた新自由主義路線の結果であり、歴史上かつてないほどの超格差が生じた。

世界中の若年失業は、ＩＴ化を含む世界の産業革命の結果であり、一部のエリートと単純作業以外の仕事がなくなる。一九五八年にＪ・Ｋ・ガルブレイスは『ゆたかな社会』という本で「世界の総雇用数は総労働者に行き渡らず、雇用による所得保障は不可能な時代に突入する」と世界規模の産業革命を予測し、それが的中した。就労し得ない人が必ずでる。だから「社会は労働すべきでない人の収入を保障しなくてはならない」と言った。「社会は不要な労働に依存するな」「怠惰は無害である」とも説いた。しかも、ガルブレイスは一九九八年の改定版でもこの説を変えてはいない。

一九九〇年以降、国内で高卒就職者で業務請負や派遣労働や契約社員が増えた現実を見ていると、この説が最もよく事態を説明していると思える。

もし国連大学の調査やガルブレイスの説が正しければ、「働かざる者食うべからず」という考え方を改めなければならない。「全ての人に生活を」という生存権の問題を論じなくてはならない。その財源はどうするか。

九九%の富を持つ世界の超富裕層から取るしかない。ところが、各国政府は超富裕層の減税競争をしてきた。日本の場合、最高税率は一九七四年には七五%だったのに、八七年には六〇%、九四年に五〇%、九九年には三七%に下げた。「国際競争に勝つため」という理由だ。為替の自由化で、富裕層は財産を海外に移すことができ、重税をかけると日本の富裕層の財産が外国に流れるからだ。事態は八方塞がりである。

この世界の経済構造の変化を前に、パラダイムを変えなくてはならない。だが、自民党は「各関係機関の連携」、公明党は「労働環境整備」と述べたに過ぎず、民主党は「仕事確保法」、共産党は「最低賃金」、社民党は「同一労働同一賃金」、国民新党は「雇用創出」を唱え、全政党に共通するのは「就労支援」である。

今必要なのは就労権より生存権の論議だ。秋葉原事件は無差別殺人であり、生存を脅かされた人間の犯した事件だ。それに、三億人近い児童労働も生存の問題だ。

雇用による所得保障は不可能な時代に、就労支援策のみを示すのは全体像の認識が甘い。全体像を知っていて言うなら、国民を欺くことになる。各党が国連調査やガルブレイスの説に異論があるなら、それを明示すべきだ。知らないならそれは重大な犯罪でもある。

子どもが貧困になる理由

17

文部科学省の調査によると、一九九九年から二〇〇九年までの一〇年間に就学援助対象者は七八万四〇〇〇人から一四二万一〇〇〇人に、授業料免除は一一万一〇〇〇から二二万四〇〇〇人にそれぞれ倍増した。その上、二〇〇五年から国の自治体への就学援助補助金が制限されたため、小さな自治体は就学援助金を大幅に減らした。例えば新潟県では小学生に年六万八〇〇〇円だったのが、一万七〇〇〇円になっている（朝日新聞'09.9.5.）。

子どもの貧困が問題になっている。子どもの権利条約には「人類は子どもに対し最善のものを与える義務を負う」とあるが、日本政府はこれに違反する。阿部彩『子どもの貧困』（岩波新書）によると、子どもの貧困率は一九八〇年代一〇％だったのが二〇〇四年には一五%になり、OECDの二四ヵ国中で下位から四番目である。所得再配分後貧困率という指標があり、税金の控除や公的給付を受けたあとの貧困率を計算するのだが、日本の場合は社会保障が貧弱なため、さらに貧困状態が増すのだ。これはOECD中で唯一だ。

政府はさらに、親が就職活動をしていないとみなされた家庭には児童扶養手当の支給を停止し、社会保障費二二〇〇億円を削減した。母子・父子家庭では子ども一人月二万三二六〇円の手当てを減らされるのは大きい。親が病気で離職せざるをえない場合やリストラ後の再就職が困難な時代にあるからだ（湯沢直美『子どもの貧困白書』明石書房）。

子どもの健康格差が生じている。愛知県で養護教諭の会合が開かれた。保健室に湿布薬や風邪薬や絆創膏をもらいにくる生徒が増えた。交通事故に遇いながら救急車で搬送されるのを拒んだ生徒がいる。虫歯が八本以上ある生徒がクラスに一割以上いた。「お腹が空いた」と訴える子が多いので、自費で菓子パンを用意している養護の先生がいる。予防注射を拒否し、視力手帳を放棄し、朝夕食ともファストフードしか食べていない子がいる。健康保険料を払えず医者にかかれない家庭の子がいる（朝日新聞'09.9.29）。

「社会保障を充実すると、人は働く意欲を喪失する」と主張する人が増えた。だが、収入維持実験という調査がある。アメリカで行なわれた「ニューホープ・プログラム」と呼ばれるこの調査では、無作為抽出された家庭に支給金や仕事や保育を保証した。その結果、サービスを提供された家庭にポジティブな効果が現れたのだ。向上心が湧き、住宅購入資金を貯め、労働時間を延長し、子どもの発達もみられたという（The Big-Issue Japan'09.6. 山野良一「社会の未来はあるのか―子ども、若者に社会投資しない日本」）。

「社会保障は労働意欲を損なう」という言説は社会保障費削減の言い訳に過ぎない。最高税率を見ると、一九七四年に七五％、一九八四年には七〇％、一九八七年に六〇％、一九九四年に五〇％、一九九九年に三七％に下げた（前掲、一〇二ページ参照）。その結果、個人の不動産を除く金融資産合計は二〇〇六年で一四九九兆二九四三億円、約一五〇〇兆円になり（野村総研ＨＰ '06.9.25.）、国の借金は八〇〇兆円に達した。富裕層に奉仕するため、貧困層の社会補償費をも減らしたのだ。

民主党政権になって、社会保障の復活を唱えているが、その財源をどこから捻出するかが注目に値する。富裕層への課税をそのままにして、少ない予算の中から、貧困国民への支出の施策をチマチマ配分するか、それとも富裕層への増税を思い切ってやるか。

18　教育産業のお先棒担ぎの教員免許法改正

政府は教員免許更新制を止め、代わって教員免許法を改革しようとしている。免許を一般と専門に分け、一般免許の資格要件は教職大学院修士の学位と一年間の教育実習とし、教職に就いた後一〇年毎に一〇〇時間の講習を受けさせる。専門免許の資格要件は、一般免許状をもち、専門実務八年の経験を経た後の検定合格者である。その目的は「高い資質と能力をもつ教員を養成する」ことにあるという。

文部科学省はこの免許法の改定を見越し、教職課程大学二〇一〇年の新入生から、「教職実践演習（二単位）」という新講座を必修にすると各大学に通知し、授業計画案を作れと指示している。そして「履修カルテ」を作り学生一人一人にこれを持たせ、科目名・単位・習得年度・教員名・評価等々、履修者の具体的な傾向や特徴と成績を記入する。

このカルテの学生評価の項目は「教職の意義」とか「教育理念」、「子ども理解」のための「心理や発達」、「他者の意見の受容」とか「保護者との連携」、「コミュニケーション能力」を測る「発達への対応」とか、「教科書・指導要領・教育課程基礎理論・道徳・総合学習」の理解等々三〇項目以上が並んでいる。

私が教員になったのは約五〇年前だが、先輩教師から「ま、生徒と仲良くやって」と一言いわれただけである。初任者研修も二日ぐらいだった。学校には様々な生徒たちがいて、それが日々変化する。大学時代に教わった教育理論は何も役立たなかった。教科書を使うのがイヤで、毎日ガリ版で教案を作った。

一九七五年から校内暴力が起こり、暴走族が流行り、不登校者が増え、授業ができなくなった。この現象を説明した本は皆無に近かった。唯一イワン・イリイチの『脱学校の社会』が学校病理を説明していると思った。その中の一つに「価値の制度化」の概念がある。生徒の勉強の目的は、知識や技能を得るという価値の他に、出席し単位を取り資格を得るという制度化された価値があり、現実の生徒は制度化価値のみを重視していた。

もう一つ参考になった本にランドール・コリンズの『教育と資格の歴史』がある。資格のなかった一九世紀末の若者が、どのようにして弁護士や医者や技術者に成ったかが書いてある。ほとんど自学自習と現場実践を経て実力を蓄えた。リンカーン大統領も法律事務所の徒弟を経て弁護士に成った。当時のアメリカの医者は三四〇〇〇人いたが大学医学部卒は三〇〇〇人弱で、他の三一〇〇〇人は病院の見習い医師から開業できるまでに成っていた。道路や橋や運河を建設した技術者は大工や時計職人や商人で、地主が測量を担当した。

コリンズは現場の修業と大学で得た教育資格を比較調査している。一九五〇年当時の三〇九事業所での新技術習得は、現場では三ヵ月で八四％に達し、大学での教育資格者は四年かけて一六％の低い生産性だった。

現場を知らない大学教員が、現場で日々子どもを見て知っている教師に教える教員免許法改正と「教職実践演習」の両案は制度化価値と教育資格を重視し、現場体験や自己学習を軽視したものだ。子どもの学力向上や教師の能力向上には有害無益だから、文科省が敢えてこれを行なう背後の理由がある筈だ。それは教育私企業化と国家統制である。教育資格の強調は教育産業の利益を配慮し、業者のお先棒を担ぐための国家統制に違いない。

全世界で激化の校内暴力

二〇〇九年一一月三〇日、文部科学省は〇八年度の校内暴力件数が六万件に達したと発表した（小中高三万九〇〇〇校対象）。小学校六四八四件二四％増、中学四万二七五四件一六％増、高校一万三八〇件で微減だが、全体としては過去最多を記録した。一九九八年から二〇〇四年までは三万件を上下していたが、〇五年から現在まで上昇し、〇八年には、一〇年前の二倍になったのだ。

諸外国でも校内暴力は多いが、以下に、それを伝えた日本の記事を紹介する。アメリカのマーティン・ルーサー・キング高校生徒二人が銃撃、生徒二人が重傷（毎日新聞'02.1.16）、独・エアフルトのギムナジウム（エリート高校）で退学した生徒が教師一四人、生徒二人、警官一人計一七人を銃撃（毎日新聞'02.2.27.）。ボスニアのブラシェニツァ高校で生徒が銃乱射、教師二人が死亡。犯人は「自分を葬り去りたい」と述べた（毎日新聞'02.4.30.）。オランダのハーグのチラ・カレッジ職業訓練高の生徒が教頭を射殺した。同国の教師では、生徒に罵倒された経験者六五％、生徒が怖いと思った者三〇％に達する（毎日新聞'04.2.2.）。

米・ニューヨークの公立校で武器調査をし、押収した武器は三〇七丁、治安問題を抱える学校は全体の五分の一に達する（毎日新聞'06.4.18.）。ドイツの校内重犯罪件数は二〇〇一年に二三〇〇件だったが、〇三年四〇〇〇件、〇四年五八〇〇件、〇五年に九〇〇〇件と上昇した（朝日新聞'06.9.14.）。米・ウィスコンシン州の高校で生徒が校長を射殺した（毎日新聞'06.9.30.）。米・ノースカロライナの高校卒業生が母校で銃撃、生徒二人が負傷した。カナダのモントリオールの専門学校で銃撃、死亡一人、負傷一九人を出している（朝日新聞'06.10.7.）。「フリーダム・ライターズ」というアメリカ映画には、足に発信機をつけた生徒が登場する。刑務所が満杯のため、受刑者が全地球測位システムＧＰＳを付けて街頭に放たれているのだ（朝日新聞'07.7.21.）。

米・オハイオ州クリーブランド市の工業技術系高校で退学処分になった生徒が銃を乱射

し、生徒二人、教師二人が負傷（朝日新聞'07.10.11.）。フィンランドはヘルシンキの高校で生徒が銃乱射し校長と生徒八人が死亡した。犯人は「弱者は淘汰されるべきだ」と叫んだ。翌年、同じフィンランドのカウハヨキ職業専門学校で、男子学生が銃乱射し死亡一〇人、犯人は動画サイトに「人生は全て戦争だ。苦痛だ」と投稿していた（朝日新聞'08.9.24.）。

米、北イリノイ大学の大学院生が銃乱射、死者五人（毎日新聞'08.2.16.）。ドイツ南部、シュツットガルトの実科学校（レアルシューレ、職業学校）で、卒業生が黒の戦闘服でライフル銃を乱射、死者一五人、重傷二人を出した（朝日新聞、毎日新聞'09.3.12.）。

さて、文部科学省は聞き取り調査の結果、子どもが「感情を抑えられない」「規範意識が低い」「コミュニケーション能力が不足している」そして、家庭の「教育力が極めて低い」と報告している。だが、諸外国の様相を勘案すると、この報告は校内暴力の深刻さを認識していないといえる。文科省に限らずカウンセラーや識者やマスコミも、校内暴力の全体像を捉えておらず、現象の一部を見、個人化し、対症療法で対応しようとしている。

校内暴力は六〇年代に先進国に発生し、一九九〇年代に全世界に蔓延、二〇〇五年以降さらに激化した。これはグローバル規模の超格差社会への突入と無関係ではない。若年失業が増え、子どもや若者に将来が見えにくくなったことに関係する。「自分を葬り去りたい」「弱者は淘汰されるべきだ」「人生は全て戦争だ。苦痛だ」という犯人たちの言葉を噛みしめるべきだ。

愛と慈悲

20

現在の日本で、死刑容認論者が八五・六％に達した（朝日新聞'10.2.7.）。前回二〇〇四年から比べて四・二％の増加である。これは過去最高である。死刑廃止論者は五・七％で極めて少数派になった。

死刑容認論の中心の考えは「被害者の感情を考慮して、厳罰にすべき」というものだ。死刑廃止国はドイツ、イタリア、スペイン、イギリス、オーストラリア、アルゼンチン等であるが、死刑容認国は中国、日本、アメリカである。現在、死刑廃止がＥＵ加盟の条件になっているから、ヨーロッパでは廃止国が多い。また、法律上は死刑制度を維持しながら、一〇年以上死刑を実施していない国を「事実上の死刑廃止国」との規定もあり、韓国などはこれに入る。このような世界の趨勢を考えると、日本の死刑容認論者の急増は異常であるといえる。

「愛」は「慈悲」と対になることばである、と法然院貫主の梶田真章が述べている（朝日新聞'10.2.15.）。「愛」は特定の対象をもつ。「愛国」とか「家族愛」とか「自己愛」があり、この愛は迷いや苦悩や憎悪と抱き合わせとなっている。だが、仏教でいう「慈悲」は「怨親平等（怨みと親しみは平等）」の思想が示すとおり、万民が成仏できる。

梶田によれば、死刑廃止は嵯峨天皇在位の八一八年から保元の乱の一一六八年まで、三五〇年間続いた。敵も見方もその霊を平等供養したのだ。それが室町時代に変化した。生産量が増大し、死者と先祖供養を三三回忌までにすると、祖先の霊が家や村を守ってくれると考えたからだ。自己に関わる「愛」が、万民への「慈悲」を凌駕したのだ。それ以降、江戸時代を通じて、寺は葬式と法事に終始した。

「仏教では死者を安らぎの墳地へ導くのは仏さまの慈悲であり、加害者が死刑にならないと被害者が浮かばれないわけではない。人は因縁が整えば何を仕出かすか分からない哀しい生き物である。この世で不条理に出合うからこそ、宗教が必要とされてきた。死刑容認の世論の動向に接し、一切の人々を成仏へと導く仏の慈悲を説かず、死者供養に明け暮れてきた僧侶の責任を痛感している。」と梶田はいう。

もう一つの問題、公訴時効の廃止がある。二〇〇四年に刑事訴訟法が改定され、殺人時効一五年から二五年になり、厳格化が進んだが、今年（二〇一〇年）六月に国会で成立すれば、時効そのものが廃止されるという。日本弁護士連合会の公訴時効検討ワーキンググループ座長である岩村智文は時効廃止に反対している（朝日新聞'10.2.20）。彼によれば、刑事訴訟法の基本精神は「無実の人を一人たりとも有罪にしない」ことにあるのに、その精神に反するからだ。四〇年五〇年も経てば、証拠が散逸するし、容疑者がアリバイ証言者を見つけるのが困難になる。それに、こうした重要課題はもっと長期に渡って国民規模で論議しなければならないのに、法務省の審議が三ヵ月で六回しか行なわれていないことに疑義を出している。

死刑容認論と時効廃止論には共通する感情論がある、両論とも被害者感情を考慮して、犯人の厳罰を望んでいる点だ。

この傾向は教育界にもある。二〇〇六年の文部科学省、道徳教育推進事業の徳目に「自己肯定感（自己愛）」や「郷土愛」や「愛国」がある。それに「ゼロ・トレランス」と称する罰則強化と厳罰主義の教育が流行り始めた。

この背景に個人化があると思う。家族や地域や学校や職場の集団が解体され、個人がバラバラになり、社会に放り出された。グローバル市場が集団を嫌い、商品顧客の対象を個人としたからである。寂しくなった人々の心に響くのが「愛」であるが、梶田に言わせると、この「愛」は慈悲と対立する概念だ。個人感情優先と物質本位の風潮にブレーキをかけないと、実は住みにくい社会になることを人々は気づかねばならない。

今は「愛」を疑う方がいい。なぜなら、憎悪と抱き合わせの個人感情であり、その個人感情は商品社会の物質主義に拍車をかけられて、内面化したものだからだ。

「健康と食事は国民の義務」？ ——食育基本法

21

二〇〇二年に健康増進法が出され、その第二条に「国民は生活習慣の重要性を理解し、生涯にわたって健康増進に努めなければならない」と記されている。次いで、二〇〇五年に食育基本法が出され、その第一三条に「国民は家庭・学校・保育所・地域その他の社会のあらゆる分野において、基本理念にのっとり、生涯にわたって健全な食生活の実現に自ら努めるとともに、食育の推進に寄与するよう努めるものとする」と記された。健康と食事は双方とも国民の義務となった。

二〇〇五年に文部科学省は「栄養教諭」を作り、現在、この資格をもつ者は全国で二六〇〇人いる。民間でも、食育インストラクター・フードアナリスト・家庭料理技能検定・

フードライフコーディネイター・薬膳インストラクター・食生活指導士・ベジタブル&フルーツアドバイザー等の食育関係資格が生まれている。マクドナルドも「食育重視」を打ち出し、「食育サイト」を開設し、学校での「ハンバーガー授業」によって「社会貢献」すると宣言している。

毎日新聞記者、行友弥は「食の安全、行政頼みには限界」という記事で、二〇〇八年に起こった中国産の冷凍餃子食中毒事件に触れ、この背景に次のような問題があると指摘している。安くて手軽な冷凍食品を食べざるを得ないのは、共働き家庭であり、ワーキングプア層であり、中間層の解体と社会的格差に原因がある。さらに、国際競争の激化と日本の農業の衰退にも原因がある。そして、日本の輸入食品依存の体質、食品流通過程が見えにくくなり、食品の監視の目が届き難いことをも見なければならないと説く。

もう一つ重要なのは、世界食糧計画WFPの援助予算が不足したのは穀物高騰であり、その背景にはバイオ燃料ブームがあると指摘する。日本の輸入食料は諸外国の農地一二四五ヘクタールを要し、それは日本国内の農地の二・七倍になる（毎日新聞'08.4.18. 記者の目）。日本は食糧自給を怠ってきた。現在の国内の生産者は農業三一二万人、漁業二一万人、計三三三万人だが、これは全人口の二・六％に過ぎない。消費者が店頭で買う大根一本が一五〇円であれば、生産者は三〇円しか受け取らない。あとの一二〇円は運賃・農協・卸・仲卸の業者にいく（朝日新聞 '08.9.18.「生産者見失った消費社会」結城登美雄）。

二〇〇八年九月に「三笠フーズ」という企業が飼料や糊用のミニマムアクセス米＝ＭＡ米を食用として販売した汚染米事件があったが、これはグローバル食品市場と関係がある。一九九三年のウルグアイ・ランドで年に七七万トンのＭＡ米を購入する義務が生じていたからだ。三笠フーズは購入価格キロ九円の米を三七〇円で売ったが、それが可能になったのは規制緩和政策の結果である。昔は許可制であった業者の認定が、登録制になり、さらには届出制になり、伝票操作のみで商品取引ができるようになったから、業者は原価の三〇倍以上の利益を得られる道が開かれた（上記、朝日新聞 '08.9.18. 八木俊明の解説）。

この過程をみると、国民の食品不安は貧困層の増加や家族の解体、国内農業の衰退、そして何より、グローバル資本と国の規制緩和政策の結果であることが分かる。今日本の食料自給率は四〇％、グローバル化以前は五三％であったから、今後とも食品不安が続くと見ていい。不安だけを除く方法が健康増進法や食育基本法ではないのか。国が出来なかった健康や食事の問題を国民の個々人の義務としておけば、非難がグローバル資本や国の行政に向かなくて済むからだ。教育はとてつもない難問を背負わされたことになる。

22

子ども手当てと「朝三暮四」

民主党の唱える子ども手当を実施するには年五兆円が必要だ。その財源が議論されている。二〇〇四年の三位一体の改革で、国が地方自治体に与えていた公立保育所への補助金をカットした。自治体は財政難に陥り、公立保育所を民間に委託した。ベネッセ等の大手企業が保育所経営に参入した。二〇〇五年には公立一万二〇九〇、民間が三九八事業所、施設貸与や譲渡した所が四三〇事業所になり、二〇〇六年には、公立が一万一八四二に対し、民間が一万八五一になった。民間教育企業は利益を求めて参入したから、当然のことながら、保育費は高くなる。公立は月に四万円ぐらいだが、民間では一〇万円以上かかる。パートの時給六〇〇円で働いている人は月に一〇万円も稼げない。

保育費用が家庭の月収の何%を占めるのか、ＯＥＣＤが国際比較を調査している。デンマーク八%、フィンランドやドイツ九%、韓国一三%、フランス一五%だが、日本は二〇%、アメリカは二七%、イギリスは四三%と、民営化が進んだ国ほど高くなっている。

公立保育所に月々四万円支払っていた家庭が、民営保育所に一〇万円支払わなくてはならないとすれば、その差額は月に六万円になる。民主党の子ども手当案では月に二万六〇〇〇円、初年度一万三〇〇〇円だから、保育所を必要とする家庭からすれば、子ども手当をもらわなくとも、公立保育所に入れてもらう方が三倍以上も得になる計算になる。

子ども手当の財源について、民主党案では扶養控除と配偶者控除、それに配偶者特別控除を廃止することも検討しているという。もしそうなれば、妻がパート労働で得た年に一三〇万円以下の所得に税が課せられる。妻の所得が一三〇万円なら、年に一三万の増税になる。この場合、年に一五万三〇〇〇円の子ども手当をもらっても、実質手取りは二万三〇〇〇円にしかならない。

「朝三暮四」「朝令暮改」という二つの諺がある。二〇一〇年一月の衆院予算委員会で、自民党の茂木敏充が「朝三暮四の意味を知っているか」と首相に質問したら、鳩山由紀夫は「知っている。朝決めたことを、夜にはもう変えることだ」と答えた（産経新聞'10.1.22）。首相の答えは誤りで、「朝令暮改」のとり違えだ。「朝三暮四」には別の意味がある。出典は中国の古典「列子」。宋の国の狙公《そこう》という者が猿の餌付けをしていたが、家計が思わしくなく、餌の栗の実を減らさざるを得なくなった。そこで猿たちに「朝は三つにし、夕方は四つにする」と告げたら、猿たちが怒った。そこで狙公は「分かった。それでは朝は四つにする。でも夕方は三つだよ」と告げたら、猿たちは要求が通ったと思い喜んだ。猿は一日の数が同じなのを分からなかったのだ。この諺は人を騙し、愚弄する時に使われる。

自民党の茂木は「朝三暮四」の諺で、民主党の諸政策が国民を愚弄するものだと批判したのだが、子ども手当の財源を考えると、その批判は当たっている。だが、「あんたには言われたくない」ということがある。国民を愚弄してきたのは当の自民党だからだ。三位一体改革で公立保育所の補助金をカットし、義務教育国庫負担率を二分の一から三分の一に減らし、「小さな政府」を唱え、福祉予算を減らし、教育を民営化し、教育費の高騰を招いたのは自民党だからだ。「同じ穴の狢《むじな》」や「目くそ鼻くそを笑う」の言葉が思い浮かぶ。

国民は騙されないようにしなくてはならない。産経新聞によると、首相の答弁の誤りで、民主党の支持率が下がったという。国に騙され続けているのに気がつかず、諺の取り違え程度で支持率を下げる国民なら「朝三暮四」の猿に等しい。

いくら働いても自立できない

日本社会臨床学会の総会があり、「いま、自立・労働を問い直す」というシンポジウムが行なわれた。パネラーはNPO法人ポッセの今野晴貴さん、NPOフォロの山下耕平さん、それに運営委員の中島浩壽さん。三人の話は共に現状を知る上で有意義であった。

今野さんは年に二〇〇件の労働相談を受けた経験から、今は労働で自立するのは不可能に近いと話された。非正規雇用が四割に達し、家計補助程度であって、若者が労働によって自立することが出来なくなった。現行の労働法はあって無きが如し、企業や雇用主はやりたい放題である。雇用主が労働者を辞めさせたいと思ったら、職場内でいじめ、本人から依願退職させるように仕向ける。「自主退職」だと退職手当も雇用保険も少なくて済む

23

からだ。

山下さんは大学を中退して、不登校新聞の編集に携わった後、大阪で若者の居場所を立ち上げた。自分は三四歳になるが、フリーターであり、収入が少なく、マルチ・インカムの生活者だという。時給八〇〇円程度で様々なアルバイトをしながら糊口を凌いでいる。「正社員は会社に依存し、ニートは家族に依存し、誰しも依存しているのだから、依存先の変更を自立といえるのか」と述べた。

中島さんは高校教師をしていたが、思いがあって退職し、無職の一年を過ごした。その時すでに自分の子どもがいて、公園で遊ばせていても、周囲の目が気になり、極めて居心地が悪かったという。彼はいわばフリーターの元祖である。その後フランスに留学し、一九六八年から一九六九年のカルチェ・ラタンの学生運動、一九七〇年代のイタリアのアウトノミア（自立）運動を体験した。例えば「空家占拠」があり、「勝手値引き」がある。「勝手値引き」は万引きを伴う。買い手が理由をつけて値段を決め、三割引きにすると決めたら三割分の商品を万引きする。逮捕されたら相手を説得する。説得に成功する場合もあったという。

それぞれの話はおもしろかったが、全体構造の話が出なかったので、私が発言した。世界的格差が広がったのは一九九四年のマラケシュ協定で、民営化政策に同意したからである。この協定に基づき世界貿易機構（World Trade Organization）が誕生した。Trade は貿易と訳すより、投資と訳した方が実態に合う。これ以降、株や為替や商品取引による、金儲け中心の資本主義の時代に突入したから、格差が広まった。

これはネオリベラリズムと言われ、小さな政府を主張し、規制を緩和し、教育や福祉予算を削減し、公共事業を私企業に外部発注することを旨としている。とりわけ、公共的な職業紹介業務を派遣会社等の私企業に委ねたのが、労働市場に大きな変化をもたらした。

公共事業を私企業に委ねると貧乏人ほど生活が圧迫される。なぜなら、私企業は利益を目的にしているから、その分何らかの値上げになる。値上げ分が年に一〇〇万円だとすると、年収一億円の人には一％に過ぎないが、年収二〇〇万円の人には五〇％にもなるからだ。

この政策以降、世界の格差が広がった。世界には、七段階ほどの格差がある。株や為替や商品取引で儲けた層は時給六万円以上で、ほぼ無制限に上には上がある。先進国の大企業正社員は六〇〇〇円、日本人の七割を占める庶民層は二五〇〇円、人口の一七％を占める貧困層は六〇〇円、日本にいる中国人研修生は二〇〇円、バングラディシュに日本企業が進出し、現地の人を雇えば四〇円、さらにその下があって、東南アジア、アフリカ、ラテンアメリカに二億五〇〇〇万人いる五歳から一二歳までの児童労働時給は六円である。

児童労働を使う世界企業は靴メーカーのナイキ、子どもを楽しませると称するディズニー、スーパーのウォルマート等があり、日本の西友はウォルマートと資本提携している。ナイキは最近、渋谷にある宮下公園を買収した。ディズニーランドは日本でも人気があるし、西友の品を買って、庶民は「安い、安い」といって喜んでいる。

二〇〇〇年の国連大学の世界家庭調査によると、世界の家計合計は一二五兆ドルで、世界人口で割ると一人二五万円で、世界中の人を養える生産があるのに、人口の一％の超富裕層が九九％の富を所有し、人口の九九％の人が一％の富を分け合っている。野村ホールディングの調査によれば、日本の個人金融資産が一五〇〇兆円あるのに、国の赤字は一〇〇〇兆円を超えている。富裕層がいかに世界の富を独占しているかが分かる（前掲、一〇一ページ）。

世界の労働市場では慢性的失業状態が続いている。マスコミがいう「長引く不況」とは違い、ＩＴ化やロボット化とアジアやアフリカの人口爆発による世界産業革命が進行し、いわば、グローバルな構造変化に因るものだ。

世界構造や世界格差が見えにくいのは、超富裕層と超貧困層の両者をマスコミが報道しないからである。特にテレビを中心としたマスコミは貧困の原因をすり替えて報道する。すり替えのテクニックは個人化にある。「自己責任」とか「自立」ということばを使い、貧困の原因は個人の怠惰にあるかのように思わせる。さらに「外国人が不法に入国するから仕事がなくなる」とか「公務員が無駄使いするから、国家予算が赤字になる」とか、「働く意欲がない若者が増えたから、ニートになる」と宣伝する。その言説は必ずしも当たっていないことはないから、民衆はその言説に従って行動する。民衆は超富裕層が富を独り占めしているのを知らないから、公務員叩きに同調し、若者の怠惰を攻撃し、生活保護者に「税金のムダ使い」と非難し、在日朝鮮人に「国に帰れ」と叫んだりする。今はグローバルなファシズムの時代である。

こんな発言をシンポジウムでしたら反応がなく、別の話題に移っていった。グローバルな状況認識がないと、交渉する相手を間違えてしまう。日本政府に法の規制を求めても、一九九四年のマラケシュ条約に同意し、米英と共に率先して規制緩和策を進めたのは日本政府である。国内法で規定された最低賃金を下回る時給二〇〇円で中国人研修生を使う企業を攻撃しても、その企業は零細企業であり、そうしないと国際的競争に勝てないからなのだ。

ではどうするか。まずはグローバルな状況認識を共有する。次に、政府や企業に対して国内の交渉を続けながら、同時に世界の人権監視機関や世界フォーラムの呼びかけに応じて、富裕層に重税を課すトービン税（為替税）を要求し、マルチチュード（世界庶民）と一体となり、フェアトレード（公正価格取り引き）や、マイクロクレジット（貧困者給付金）やスローフード（地元の食材を食べる）やベーシック・インカム（基本所得）を求める運動に参加する。公益資本主義の動きも注目すべきだ。

ローマの世界フォーラムに参加した人々が「あんたたちのツケを、私たちに回すな」と叫んでいたが、このローマの庶民の声を日本の庶民も噛みしめるべきだと思う。

24 住宅ローンと階層構造

「無理なローン家失う」という見出しの記事がある（朝日新聞'10.8.14.）。すでに二〇〇〇万円の借金を抱えていたダンプの運転手が、不動産会社の営業マンに勧められ、二二〇〇万円のローンを組み一戸建の家を購入した。その後、勤めていた会社が倒産し収入が激減、住宅ローンを払えなくなった。購入した家が競売にかけられ八二〇万円で売れたが、一六〇〇万円の借金だけが残った。「大変だねえ」とか「不幸な人がいるものだ」と噂話になる。でも個人の不幸の話にしてはならない。背景を知ると、この人は政府と業者に騙されたことが分かるからだ。

金融市場の動きをみると、バブル崩壊後、企業への融資が悪化し、銀行は庶民への住宅ローンを増やし、住宅販売会社の争奪戦が始まる。貸付審査が緩和され、低金利で、物件の下見もせず、借金を抱えた者でもその借金と家屋価格を足した額が融資された。

借金を資産と看做すことは常識では考えられないが、アメリカのサブプライム・ローンを見れば分かる。「住宅ローン」という借金が、「住宅ローン担保証券」という名で売り出され、この証券がよく売れた。こんな詐欺をアメリカの政府が認めていた。

日本では小泉内閣が私企業化に力を入れ、住宅金融公庫を廃止し、銀行の住宅ローンを活性化させた。金融市場に占める住宅ローンの割合は二〇〇〇年に一三%だったのが、二〇〇九年には二一%に上昇した（日銀調査）。一九九九年に「定期借家制度」を新設し、礼金や敷金や入居者の選別を業者に任せた。だから、スマイル社事件が起こった。家賃を一日滞納しただけで、業者が無断で部屋に立ち入り、鍵を取り替え、違約金と施設再利用料一万五〇〇〇円と「生存確認手数料」を取った。裁判で入居者が勝訴したのはせめてもの慰めだ。「低金利」も騙しの一つで、変動金利制では、返済途中で金利が上げられる。一%の利子が二%になれば、月々のローン返済は一万円位増える。騙された庶民が悪いという意見もあるが、政府ぐるみの騙しのテクニックは複雑で庶民に分からないようになっている。

民営化ということばがよく使われたが「住宅民営化」とは言わなかった。「住宅は自分で買うものだ」と庶民が思い込まされているからだ。公営住宅の入居者はオランダでは五〇％だが日本は五％に過ぎない。日本では国や地方自治体の公営住宅は千や万の桁だが、イギリスの Greer-Paper 計画で二〇二〇年に三〇〇万戸、韓国では二〇〇一年一〇〇万戸を建てた。石原都政の一〇年間で、都営住宅の新築はゼロであり、空家の公募九五六戸に応募者が五万五〇〇〇人と殺到した。青山にある古い都営住宅を高層化し、余剰地を民間に売却したが、その賃貸家賃は月に二三六万円、超富裕層しか入れない（東洋経済新報'08.11.25.）。

ノーベル賞を受けた経済学者のポール・クルーグマンは公共事業を縮小し民営化を進めた政策を批判している（朝日新聞'10.8.12.）。アメリカのコロラドやフィラデルフィアでは街灯の三分の一が消されたままだし、幹線道路の舗装工事を中止し、教育費を縮小したために短縮授業を強いられている地方があるという。共和党も民主党も「財政赤字の削減」を主張し、増税を説いているが、僅か二％しかいない富裕層には減税している。政府は「富裕層に増税したら景気が後退する」と主張しているが、そんなことはない。富裕層に入る金は金融商品に回され、生産には関係せず、庶民の懐はさらに寂しくなるだけだ、とクルーグマンは説いている。政府は三〇年間、庶民を騙し続けた。「公共事業はムダだ」「公務員は不正をはたらき、ムダな書類を作っている」「キャデラックを乗り回す生活保護者がいる」と述べ、民営化を進める口実としたが、「そんな主張は根拠がない。非常に裕福な人々を除くすべての国民が必要とするサービスであり、政府が提供しなければならず、政府以外には誰も提供しないサービスなのだ。それは街灯のある街路、車が走ることのできる道路、全国民への適切な学校教育である」（NYタイムズ'10.8.9）とクルーグマンは述べている。

庶民は支配されている。支配者は超富裕層であり、その層をさらに富ませるために金融商品を次々に創り出した金融資本であり、金融資本が意のままに動けるように自由化政策を取った政府であり、本質を逸らし、公務員や外国人を叩き、個人の怠惰を非難する記事を書き続けたマスコミであり、多数の学者は実入りの多いテーマの学問しかしなくなったからである。

民営化とは公共事業を廃止し、私企業に任せることだが、公共事業で救われる多くの庶民を犠牲にした。その負担は国民に等しくかかってくる。公共事業費削減の負担が一人につき年に一〇〇万円だとすれば、年収一億円の富裕層や一〇〇〇万円の中間層には響かないが、大多数の五〇〇万円の層には負担が重く、年収二〇〇万以下のワーキングプアにとっては自殺の強要にも等しい額である。住宅ローンの負債だけ抱えた者の存在は、日米社会の階級構造をよく示している。

25 オバマ大統領・教育改革の実態

アメリカのロードアイランド州で、「生徒の成績が悪いのは教師が原因」と教育長から叱責され、セントラルフォール高校の九三名の教師全員が解雇された。この高校では共通テストの合格者が七％だった。だが、教員組合が法廷に持ち込み、教育長が裁判所の調停を受け入れ、全員の再雇用が認められた（東京新聞'10.7.26.）。教員全員解雇の報道が伝わった際、オバマ大統領が「何年も続けて生徒を落第させる学校にはそれなりの責任がある」と教育長側を支持する談話を発表した。教員組合は発言の取り消しを求めたが、大統領は信念に満ちていて、これに応ずる気配はなかった。

首都ワシントンでは、二〇〇七年、経営手腕を買われた三八歳の女性が教育長に任命された。彼女は民間教育研究所の協力をえて、IMPACTという教員評価システムを作った。教師を九分類し、二二項目にわたって採点する。その結果、「極めて効果的」・「効果的」・「非効果的」な教師がそれぞれ一六％・六四％・二〇％いて、二〇％に当たる七三七人中の一六五人を解雇した。解雇された教師は首都ワシントンで二四一人いたから、「効果的教師」と判定された者の中からも七六人が解雇された。逆に「極めて効果的」な教師には最大三万ドル（約二七万円）のボーナスを支給した。この教育改革もオバマ大統領が称賛した（東京新聞'10.8.1.）。

ロードアイランド州も首都ワシントンも、国の教育改革政策と同じ路線上にあることが分かる。オバマ大統領は就任直後「Race to the top」という賞金レースを教育行政に取り入れた。国から総額四〇億ドル（三五〇〇億円）の教育予算を支出し、一州につき、最高七億ドルの補助金を交付する。オバマ大統領は「各州は補助金を目指し、改革を競ってほしい」とコメントを発表している（東京新聞'10.7.25.）。オバマは「シンガポールの中学生は数学力で米国の三倍だ」「米国の子どもが学校にいる時間は韓国に比べ年間一ヵ月も少ない」「中国やインドでは最良の教育を受けた者が最良の職を得ている」などと述べている。

そして、以下の五つの教育改革の指針を示した。1.社会で成功する生徒を育てる高い教育基準と評価法。2.優秀な教員や校長を確保する採用法。3.学力向上を継続的に測るデータシステム。4.学力低迷校の再生プログラム。5.教員資質は生徒の学力向上寄与度で測り、教員は能力給にする。

ＯＥＣＤが行なう国際学力テストＰＩＳＡの二〇〇六年（参加国五七）の成績をみると、アメリカの子どもたちの数学は三五位（日本は一〇位）、科学は二九位（日本は六位）であり、アメリカが焦っていることが分かる。成績下位の学校の教師を首切ることで事態が改善するとは思えないが、オバマは一貫して底辺校の教師の解雇に賛成した。この態度は前大統領ブッシュと同じだ。

教師が全員解雇されたラルフォールズ高校のあるロードアイランド州は人口二万、年収九八〇〇〇ドル（八五万円）以下の家庭が三〇％である。それに中南米からの移民生徒が全校一〇〇〇人中に七〇〇人いる。中退率は五二％にも達するのは貧困が原因だ。貧困は重複貧困といって、暴力、精神障害、食事の貧しさ、離婚や虐待等と連動している。移民の子たちは英語が元々できないし、母語のスペイン語さえできない子もいるという（前掲、東京新聞'10.7.25.）。成績を向上させることは至難の技である。同様に首都ワシントンも貧困地域である。金持ちは郊外に移住したため、都心部に貧困者が集中し犯罪も多い。アメリカに一一ある巨大都市の中で、住民の貧困度は最高となっている。だから、小学校四年の数学の基礎学力が欠如している者の比率が、一一都市全体では三三％だが、ワシントンでは六一％にもなっている（前掲、東京新聞'10.8.1.）。

もう一つ、教育私企業化の問題がある。オバマの出した五つの教育改革の指針は、全て評価に関係がある。この五つは教育企業の示す経営方針と一致する。教育を通じて利益を上げる評価基準である。つまり、国家は資本を先導する役割を握っている。国や州がどれほど教育予算を増額しても、請け負った教育企業を潤わせるに終わり、貧困家庭やその生徒たちには回らない。

過去に例がある。二〇〇一年から二〇〇三年まで、アメリカは学力格差是正と称して、教育予算七七七六万ドル（約七八億円）を支出したが、大部分は教育企業に回された（People Weekly World '04.5.15.）。「学校経営者協会」「教員免許評価協議会」「教育機会拡大基金」「教育改革ヒスパニック協会」「教育選択権黒人同盟」等ともっともらしい名を付けているが、企業であることには変わりない。格差是正の教育予算は貧困学校に回されると多くの人は思うが、実態は教育企業に回され、その企業の株価が上がり、株主が儲かり、貧しい人は貧しいままである。そういう構造が出来上がっている。

教育がプラスイメージで語られ教育信仰が強い社会では「教育」の名を借りた国家的詐欺が横行する。ブッシュもオバマも日本の自民党も民主党も超富裕層への減税策を止めない限り、詐欺師の一派と見た方がいい。

26

秋葉原事件の被告人尋問に思う

二〇一〇年の七月末から九月にかけ、秋葉原事件の被告人尋問が行なわれ、その内容が各紙に載っている。無差別殺傷事件であり、死者七人重傷一〇人を出した大事件だから、二二回の公判と四二人の証人喚問が予定されている。これまでに報道された内容を見ると、幾つかの時代背景が浮かび上がってくる。

一つは受験競争である。被告人は小学校低学年の頃から勉強を強いられていた。特に母親が厳しく、九九が言えないと風呂に沈められた。食事が遅いと床にぶちまけられたご飯を食べさせられた。学校に提出する絵や作文は母親に直されて自分の作品ではなかった。その頃から、進路は北海道大学工学部と決められていた。中学一年生の時、口論の末に母親を殴りつけ、それ以来互いに口を利かなくなった。

今は大学受験より中学受験の方が過熱している。公私立の一貫校を目指す塾が林立し、「三三」と呼ばれ、小学校の三年生の三月から勉強を始めないと遅いと言われる。塾では「選抜」「標準」「特別」の能力別に入塾試験もある。被告人は公立の進学校に合格したが、その後の成績は芳しくなく、高卒後は専門学校に入り車の整備士になる。

第二は若年労働問題だ。正社員への道は険しく、派遣か業務請負か契約社員である短期で不安定な雇用が多い。二〇〇九年現在、一五歳から三四歳の非正規雇用比率は男子四二・七%、女子五一・四%である。彼の場合、人材派遣業の「日研総業」という会社に入り、時給一三〇〇円、月二〇万円の収入だったが、寮であるワンルーム・マンションの家賃が五万円だった。折しも、勤め先の工場で二〇〇人中の一五〇人が契約解除となった。薄給で将来の見通しがなく、結婚もできない。異性との出会いがなく、生身の友達が居ない、家族に見放されている、その上不安定な職しかない、容貌にも自信がない、そういう若者にとっての拠り所として何があるか。

第三はネット社会の問題だ。これは「居場所」問題と言い換えてもいい。本人にとっての唯一の居場所がネットであった。「私にとって帰る場所、自分が自分で居られる場所はネットの掲示板でした。仕事以外の全部の時間を掲示板に費やしました。掲示板に来てくれる人は私の部屋に来てくれておしゃべりをしてくれる人という感覚でした」と本人は証言している。

家族や職場や地域から見放された若者の居場所は、今どうなっているか。公私立の定時制高校があり、進学塾の他に面倒見のいい教師のいる補習塾があり、自立支援センターや民間の溜まり場がある。これは「アジール」に似ている。古代や中世の閉鎖社会で行き場を失った者を受け入れる場所があった。古代エジプトやヘブライやギリシアでは寺院がその役割を果たした。古代ローマで法が出来るとアジールが消滅するが、法の外に置かれた奴隷にはアジールが適用された。

日本でも室町から戦国時代に寺院が逃亡中の犯罪者を受け入れた。鎌倉の東慶寺等の縁切寺は有名である。被告人の青年はネット以外の居場所を探し当てていたら、この悲劇が起こらなかったに違いない。また、諸外国に比べ、日本は定時制や通信制の教師、民間施設等で居場所の役割を果たしているおとなたちが多く、その存在が犯罪を少なくしていることを確認すべきだと思う。その定時制が行政によって統廃合され、少なくなっている（前稿、８「中高一貫で追いやられる定時制・通信制」参照）。

第四はいじめの問題がある。「唯一の居場所」と思っていたネットの掲示板で、彼を中傷したり、からかう者がいた。「無意味な書き込みをする荒らし」に対し、自分の居場所が無くなったと彼は感じた。さらにその時、職場の工場で作業着が紛失し、本人が激怒している。ネットの荒らしや紛失の揚合、「犯人」が分からない。分からない「犯人」に復讐するにはマスコミを利用する以外になく、しかも大事件でなくてはならない。そこで被告人は「秋葉原で人を殺します」と掲示板に告知した。

第五にことば不信の問題がある。幼いころから「思っている事はことばでは伝わらない」と彼は思い込んでいた。四年制大学を断念した時、親と相談しなかった。勤め先を転々と変えた時も、誰にも相談しなかった。それは親や勤務先の上司に「思い知らせる」ためであり、彼なりの自己表現だった。秋葉原事件も自己表現の一つだった。その背景に、形容詞が多く内容に乏しい政治家やマスコミ知識人のことばの横行がある。

彼は今後悔している。「私と違って、夢があり将来も明るい皆さまの人生をすべて壊してしまい、取り返しのつかないことをしたと思っています。当然、死刑になると考えています」と謝罪の意を表明しているが、これを読んでも彼の認識は間違っていることが分かる。「夢があり将来も明るい」と言っているが、若者の半数は自分と同じ境遇にあることを知らないからだ。現実には「夢もなく暗い人生」と感じながら、それでも生きている若者が過半数に達する。ユニオンに結集し、心ある人の助けを借りて、仲間と一緒に戦っている。この競争社会で得をした敵、具体的には、金融資本の助力と株で儲けた超富裕層、それに手を貸した政府やマスコミ、自分の業績のみにこだわる学者や知識人、これらの指導層の意識操作に乗せられ個人化させられた意識と戦っていく道があったのに。

尖閣諸島とマスコミの意図

27

尖閣諸島のビデオ流失事件が騒がれている。これについて毎日新聞が各紙の社説をまとめている（'10.11.14.）。朝日は「一職員の判断より、政府の判断が大切だ」と主張し、東京は「公務員の裁量権を逸脱した」と解説し、読売は「公務員の違法性」を述べた後に「映像が見られてよかった」と感想を付け加え、産経は「国民の知る権利」を重視、日経は「流出は刑事罰に値しない」と報じた。

朝日が佐藤優と西山太吉の意見を聞いている（'10.11.12.）。佐藤優は元外務省主任分析官であり、鈴木宗男に協力して、二〇〇〇年に北方領土問題に絡み、外務省の支援委員会の費用を違法に引き出したとして有罪とされた。元毎日新聞記者の西山太吉は一九七一年に、日米沖縄返還協定にからみ、取材上で知り得た情報、アメリカが地権者に支払う費用四〇〇万ドルを日本政府が秘密裏に肩代わりするという情報を国会議員に漏らしたとして有罪とされた。両者とも政府内の機密漏洩の経験者であり、政府にとって「裏切り者」である。

佐藤優は「政府が全映像を流したのなら有意義だが、今回のは編集後の意図的映像であり、価値がない」と述べた後に「海上保安庁は機関砲等の武力を持つ官庁だから監視する必要がある」と述べている。西山太吉は「今回流出した映像は一般に知られていない非公知の映像ではなく、既に一部の国会議員が視聴した後の映像だから価値が低い」とした上で、「ネットは発信者個人の意見が公開され、誰からもチェックされず、迅速、広範に流布される危険」と警告している。情報公開を唱えた民主党が『機密保持』を約束するのは矛盾する。自民党が一九七四年から二〇一〇年「沖縄密約はあった」と東京地裁の判決までの三七年間、国民を騙し続けたことを棚に上げ、今回の事件で民主党を攻撃するのは盗人猛々しい、と西山は述べている。佐藤も西山もこの問題で、政界の与野党の双方を批判している。

テレビや週刊誌は「弱腰外交」と政府を非難し、強硬路線の意見が多い。中国でも同じで、反日運動が広がり、日本の商店が襲われた。日中の庶民が尖閣諸島で対立しているが、これは支配者の思うつぼだ。国民が隣国を非難している時は、自国の支配層への批判、特に格差批判が衰えるからだ。尖閣問題は国の利権争いだが、利権を得て得するのは両国の庶民ではない。例え尖閣諸島近辺で石油が出たとしても、その利益は両国の支配層にいくからだ。現段階で、両国の支配層は戦争しない。中国は日本の国債の一割を持っているし、ＡＳＥＡＮでも両国首脳は尖閣問題を棚上げして、仲良く会談している。支配側に与する者は政治家の多数、知識人や学者の多数、財界、金融資本家と金融商品で儲けた富裕層と中間層で、この層は日本国の人口の二〇％程度だが、彼らは富の九割以上を所有し、国の全人口の八割以上を占める庶民には、おこぼれも回ってこない仕組みが出来上がっている。

庶民は騙されている。騙しの役割はネットとマスコミが担い、情報操作をしている。映像を流したアメリカ資本のユーチューブは二〇〇五年に資本金三五〇万ドル（二八億円）で誕生した動画サイトだが、「あなたの映像」の意味を込め、庶民が個人で配信できる。二〇〇六年にはグーグルがユーチューブを一六億五〇〇〇万ドル（一二八〇億円）で買収したから、れっきとした世界資本である。テレビや新聞はユーチューブを通して映像流出に気付いた。映像の投稿者sengoku 38への礼賛がユーチューブに以下のように載っている。「海上保安官さん。尖閣諸島を守ってくれてありがとう。民主党は死ね。民主党の仙谷は在日中国人の家系であるが、中国への日本の売国は許せない」。日本人の庶民は中国人を、中国人の庶民は日本人を「敵」だと思い、それぞれ真の敵が日中の支配層であることを忘れている。

流出映像は佐藤優が言うように、意図的に編集された映像であることを多くの人が気付かない。「真実はこの映像にある」と思い込み、中国人もしくは日本人への偏見prejudiceと重ね合わせて、排外的なナショナリズムが助長される。ネットとマスコミは特定の利益集団を代弁している。「国民」「国益」の内容は富裕層と中間層のみを意味し、多数派の庶民の利益は考えていない。庶民には意図的に選別された情報のみ与え、全体の構造が分からないようにしておく。ネットやマスコミ資本は企業統廃合や買収により、弱小資本を倒して成長してきたから、巨大資本の寡占状態にある。

忘れてならないのは、メディアは自らの収入を減らすことにつながる報道はしないことだ。新聞料金や視聴料金より広告収入の方が大きく、広告主の意向に添わない報道はしない。情報提供者は政府と企業と専門家であり、彼らの立場を保障する情報のみを流す。これを「発表情報」という。発表情報は民衆の既成の感情を刺激し「敵」を創り、民衆に一斉攻撃をさせるように仕向ける。その際、複雑な内容や歴史や関係を捨象し、感情に訴える短い言葉や映像にする。そして統合の象徴として国家を強調し、常に、階級や階層や格差を無視する。

二〇〇九年度国際学力テストＰＩＳＡ

一二月初旬、ＯＥＣＤ（経済協力開発機構）が実施している国際学力テストＰＩＳＡ（ピサ）の二〇〇九年の結果が一斉に報道された。六五ヵ国の一五歳四七万人が数学・科学・読解の三分野テストに参加している。

日本は六〇〇〇人（〇・五％）が受験しているが、数学九位、科学五位、読解六位で、三分野とも二〇〇六年の順位（それぞれ一〇位・六位・一五位）を上回った。

このテストは論理を重視し、会場で電卓が使え、公式も明示されているので、単に知識の多寡を問うものではなく、思考力や応用力を計ろうとしている。日本の文部科学省が実施している全国学力テストもＰＩＳＡ型を目指しているという。

28

今回の結果で目立ったのは、上海が三分野とも一位で、韓国・香港・台湾・シンガポールのアジア勢が上位に進出したことである。

高木文科省大臣は「何よりも生徒本人、家庭、各学校、地方公共団体が一体となって学力向上に取り組まれた成果のあらわれである」と述べ、朝日、毎日、読売は社説で「根づいたか未来型学力」「向上の流れを確かに」「応用力を鍛えて向上をめざせ」と見出しを掲げ、今回の結果を好意的に評価している。今後の課題として、読書運動や学力の底上げや応用力・活用力の一層の向上を狙え、と叱咤激励する論調になっている。

文科省や新聞論調で気になることがある。それは「ゆとり教育」の可否が検証されていないことだ。二〇〇〇年の順位に比べ〇三年と〇六年の順位が下がった時、一斉に「ゆとり教育」批判が生まれ、文科省もそれに応え、小中高の指導要領を改定し、教える知識量を増やし、教科書を分厚くしてきた。ところが今回のPISA成績の順位は「ゆとり教育」を受けた世代である。すると「ゆとり教育批判」を批判しなくてはならないことになるが、文科省も各新聞もその点にあまり触れていない。わずかに毎日新聞が上智大学加藤孝次の「今回の調査対象は、ゆとり世代であり、学力低下への批判が当たらなかったことを意味している。日本の教育はよくやっている」という言葉を載せている。

私も日本の現場の教師はよくやっていると思う。この一〇年「改革」と称して文科省や教育長の指令が度々変わり、上からの課題や事務量も増え、モンスターと言われる保護者からの要求にも耐え、部活や学校行事をこなし、底辺層の子どもたちの生活の面倒をよくみて、少年犯罪率を低く抑え、しかも学力も上げたのだから。

ただし、加藤孝次のように「ゆとり教育」を礼賛する気もない。「ゆとり教育」はいわば「自由主義」であり、知識量より思考を重くみる教育であり、悪いとは思わないが、貧困家庭の子にとって、有効とも思えない。貧困層の学力向上を図るには、貧困をもたらす環境の方が大きく障碍となっているから、その対策こそが課題なのだ。

オバマ大統領への提言として、全米学校行政監視協会会長グン・ドメニッヒは「アメリカでは一九六五年から現在まで、学力底上げ策として九三の多様なプログラムが出されたが、全て失敗に終わった。必要なのは教育プログラムではなく貧困対策なのだ（The Obama Education Plan, An Education Week Guide. Jossey-Bass）」と述べている。

学力底上げ、実は社会問題なのだ。崩壊家庭の子の学力は上がらない。外国からの移住家庭の子の学力は上がりにくい。身内が単純労働にしか就けない家庭の子は勉強の意味が分からない。

「ゆとり教育」もPISA型学力も、上・中流層のみを対象にした教育である。OECDは経済団体であり「金持ち連合体」の異名を持ち、経済発展や開発をめざす人材確保のためのテストを作った。経済発展と庶民の幸せは別物である。多くの人が幸福感をもって暮らせるかを考える人なら、PISAに関心を持たなくていい。

今回のPISAでアジアが伸びたというが、中国やインドやインドネシアやバングラディッシュが伸びたのではなく、上海や香港やシンガポールが伸びたのだ。上流中流層が居る小地域で伸びたのだ。ちなみに、〇九年PISAの数学・科学・読解のアメリカの順位は三一位・二三位・一七位、イギリスは二八位・一六位・一七位、フランスは二二位・二七位・二二位であり、先進国でも移民が多ければ、学力の底上げは至難の技だ。

一億以上の人口を抱え、三教科とも一〇位以内に入ったのは日本だけである。欧米の大国に比べ、日本は移民が少なく、家庭崩壊も少なく、上・中流の家庭がまだまだ健在であることと、現場教師の努力の賜物である。そのことを文科省も新聞も強調するべきなのだ。

29　求められる労働者の世界的連携

二〇一〇年一二月、ユニオニズム研究会に出席した。そこで、アメリカの国際的な労働運動の活動家、マーク・ブレナーさんとステファニー・ルースさんの報告があった。

ブレナーさんの報告。昨年の暮れ、大手の週刊誌ニューズウイークは"The Recession is over"「不況は克服された」と報じたが、庶民にとってはそんなことはない。就職を諦めた者二三〇万人、パート等の非常勤者八八〇万人、完全失業者一五一〇万人いて、無職者全体は二六二〇万に達する。住宅ローンの滞納が五〇〇万件で、滞納者は一一〇〇万人いる。住宅ローンの家計の赤字に占める割合は一九四六年に一〇%だったが、二〇〇五年には一〇〇%になった。アメリカの製造業が不況のため、金融資本の投資先を住宅ローンや学生ローンに切り換えたからだ。

労働者全体の平均給与を時給に換算すると、一九五九年は一三ドルだったが二〇〇七年は一七ドルであり、ほとんど変わっていない。ところが法人税の税収全体に占める割合は一九四五年に三五%だったが、二〇一〇年に一〇%であり、資本側が税を納めていない。組合の組織率は一九七〇年に二七%だったが、二〇〇七年に一三%と減少し、資本側の組合潰しが成功したことが分かる。

昨年の選挙で、組合側の選挙資金二億ドルに対し、資本側は二二〇億ドルであり、一〇〇倍以上の差がついた。その上、組合は組織内部の選挙運動にとどまっていたのに、右翼団体のティ・パーティは街頭に出て活動した。その結果「金融資本が悪い」と思っている庶民の五四%が共和党に投票し、労組員の六一%しか民主党に投票しなかった。

ブレナーさんは「運動に近道はない。敗北、敗北の連続であるが、勝利を目指すにはチャンスを見逃してはならず、オピニオン・リーダーを養成し、個人が自力で活動し、民主主義を再構築していかねばならない」と結んだ。

ステファニー・ルースさんの報告。彼女らは Asia Floor Wage キャンペーンを五年前から始めた。Floor Wageを訳すと「床《ゆか》賃金」で、「最低賃金」ではなく「最底賃金」（これ以上低くなると飢え死にする）という意味を込めている。この三〇年間、世界の株価や利潤率は上がったのに、世界の労働者の賃金は低く抑えられ、組合攻撃で労働者の組織率は低下し、非正規雇用が増え、失業者が溢れている。

そこでアジアの途上国一〇地域の「最底賃金」を保証する調査と運動を始めた。二〇〇八年の一〇地域の賃金は、ドル換算の時給で以下の通りである。

タイ一・二九、マレーシア一・一八、中国沿海地方一・〇八、中国内陸部〇・五五、インド〇・五一、スリランカ〇・四三、ベトナム〇・三八、パキスタン〇・三七、カンボジア〇・三三、バングラディッシュ〇・二二。中国は内陸と沿海で格差があり、バングラディッシュの時給は一七円である。つい最近まで中国が世界の工場と言われたが、今やバングラディッシュに移りつつある。

「最底賃金」を算出するために、二人の扶養家族、週四八時間以下の労働時間、成人一人一日三〇〇〇カロリーに要する費用、食費はその地域の市場価格に基づき、アジア「最底賃金の五〇％、食費以外の費用五〇％、という基準を設けた。ところが、アジアの底辺労働者の間で対立が起こった。タイやマレーシアでは可能だが、バングラディッシュやカンボジアやパキスタンでは、庶民が一日三〇〇〇カロリーも取っていないからだ。

この二〇年間、グローバルな規模で資本は提携しているのに、グローバルな規模の労働運動がなかった。先進国の大型スーパーのウォルマートやテスコやユニクロは生産工場をアジアに置いたが、現地では一次下請けの下に二次下請け会社があり、ここで賃上げのストをやれば、この会社はすぐに潰れる。二次会社が潰れればまもなく一次会社が潰れ、先進国スーパーは別の国か別の地域の会社に仕事を発注する。部分的なストは無効なのだ。

世界は経済価値が連鎖している。先進国で「アジア最低賃金」以下の賃金で生産した衣類等の不買運動が必要になる。先進国と途上国双方の国内法、例えば最低賃金法・労働衛生法・賃金支払法を相互に照らし合わせながら、運動方法を検討する。二〇年以前には、世界各国に海外投資規制法や輸出規制法や通商協定や買手独占規制法があったが、一九九四年のマラケシュ条約の締結以降、世界中で規制緩和策が施されたから、それ以前の法に戻す運動が必要になる。免税法、投資保護法、輸出促進委員会の許可要件、自由貿易協定、景気刺激策等の見直しが必至なのだ。

途上国の賃上げ運動はネオリベラリズム以降の世界経済の再検討を意味する。遅きに失したが、この運動は今始まったばかりである。先進国の労働者の賃上げや労働条件の改善は世界の「最底賃金」運動と連携しないと達せられない。だがこの運動の隘路は、先進国労働者があまり乗り気にならないことだという。先進国でも、不安定雇用や失業があるからだ。

だが、世界的労働者の連帯を作っていくしか道はないと思う。労働問題を考えるとき、国内だけの職業訓練とかキャリア教育とか、雇用促進のための企業減税は資本にとって、“Necessary Illusion”「なくてはならない目眩《めくら》まし」（ノーム・チョムスキーのことば）に過ぎないからだ。

参考 www.labornotes.org　mark@labornotes.org

30　右翼少年の孤独を救えるか

二月六日「日の丸・君が代強制反対、都教委包囲ネット」の総決起集会が開かれた。私は講演を依頼されていたので、予定より早めに会場前に行ったら、拡声器の音量を最大にして「てめーら、日本から出ていけ」とか「日教組粉砕」とか「集会を、即時停止しろ」と言い「そうだあ‼」と叫ぶ録音テープの群衆の声が聞こえる。会場周辺を右翼の宣伝カーが徐行運転しているのだ。車は六台、それぞれ二人が乗っていたから一二人はいた。主催者の話によると、決起集会は八年前から行なわれてきたが、右翼が来たのは初めてだという。

集会では全国各地からの挨拶があり、教員業績評価裁判や君が代不起立の被処分者から、一人五分で二〇人ぐらいの報告が続いた。その中の一人、根津公子さんから「子どもが変化した」という話があった。以前は「先生、がんばって！」と言われたこともあったが、最近一人の児童から「ルールを守らないのなら、教員を辞めたら」と言われたそうだ。根津さんは「少国民」の復活を感じた。

横浜市の教組から一八区のうち八区で自由社版の中学校社会科教科書が採択されたことが報告された。その教科書には昭和天皇の記述が三ページもあり、第二次世界大戦を「自存自衛のための大東亜戦争」と書き、単純な歴史事実の誤りが五〇〇ヵ所に及ぶという。

私が三〇年間、定時制教師をしていた頃の生徒の様子を思い出す。一九六〇年代には共産党系の民青に属する少年がいた。一九八〇年代に創価学会の少年が増え始めた。一九九〇年以降に右翼少年が出始めた。

一九八〇年頃より、私は講義を止め「自分史」と称して、専ら生徒の話を聞き取る授業をした。そのせいか、学校設備や器材を壊したり「非行」と言われる生徒とも親しくなっていた。

ある日、生徒の一人が「ケンさん、明日、日教組の集会があるね」というので「私も行くよ」と答えたら、満面に笑みを浮かべ「ケンさんも行くの。オレも行くぜ」と言いながら走り去った。彼は右翼の宣伝カーに乗り、私は日教組の一員として会場に赴いたのに、その後も彼はその事に気付かなかった。

その右翼少年は傷ついていた。家庭が貧困であり、しかも家族に見放され、学校の教師から疎まれ、職がなく、地域のつながりもなく、孤独だったが、何かのきっかけで、右翼青年と知り合い軍事教練に誘われ、一緒に行動するようになった。寝食を伴にする関係と学校の教師生徒関係では差があった。彼らの行動が中上流の富裕層を利し、貧しい庶民層には益がないと説得しようとしたが、少年は耳を貸さなかった。

人と対話し、親近感が生まれるまで写真を撮らない橋口穣二という写真家がいる。彼は『ベルリン物語』(一九八五)『新ベルリン物語 ―消えた国境と新しい壁』(一九九三)という本を書いている。この本の中でネオナチと呼ばれた少年と中上流家庭の少年との間に深い溝があることが描かれている。

ドイツでは一〇歳からの成績によってハウプトシューレ(手作業系職業教育)、レアールシューレ(事務系職業教育)、ギムナジウム(進学系)に振り分けられるから、違う階層の若者同士が付き合うことがなくなる。

一九九五年以降のグローバル資本は個人を対象にした商品を売りまくり、家族や地域の商店や共同体が壊された。民衆右翼は人々がバラバラにされた時の孤独から生まれる。論理でも事実でもなく、我が身の境遇から生じた感情に依拠して行動する。論駁してもダメで、たとえ教科書に五〇〇ヵ所の誤りがあっても、感動と物語の方を信じる。説得方法の一つは、彼らと親しくなることだが、今はことさら難しくなっている。

2 原発事故と社会構造

地震

1

東京電力福島第一原発が過熱、炎上した事件が毎日のように報道されている。当局側は「人体に与える影響はさほど大きくはない」というが、太平洋戦争時の大本営発表に似ていて、不安は増すばかりだ。そこで、原子力や原発の地震対策資料を私なりに整理してみることにした。私は原子力に無知だから、初歩から説明をしてもらわないと分からない。だから逆に、初心者用の解説になると思う。それと、過去の原発推進側と反対側の双方の資料を比較対照してみることも大切だと思う。主な資料は「よくわかる原子力」原子力教育を考える会 http://www.nuketext.org/index.html 等であり、ここに書くのは多分に受け売りになるが、重要だと思うので多分に引用した。文責は私にある。

放射線はフリードリッヒ・レントゲンによって一八九五年に発見され「生命体や金属も透き通す不思議な電子現象」なのでX線と名付けられた。種類も多く赤外線・紫外線・アルファ線・ベータ線・ガンマ線・マイクロ波・ラジオ波・中性子等がある。人体へは皮膚癌・白血病・癌・脳溢血・腫瘍・消化器や呼吸器不全等の害をもたらすことは広島や長崎の原爆病で明らかだ。地球の誕生は四六億年前だが生命体は六億年前に生まれた。この頃地球に磁場や大気やオゾン層など、放射線を遮断する壁ができたからだ。放射線は細胞の設計図であるDNAを組み換えてしまうので、生命体を損なう性質があるのだ。

放射線量はシーベルトSvで表示され、生命体は一年間に二・四μSvの自然放射線を浴びている。生命体の被爆限度は年に一mSvである（マイクロは一〇〇万分の一、ミリは一〇〇〇分の一）。放射能を瞬時に二mSvを浴びると五％、五mSvで五〇％、七mSvで一〇〇％の人が死ぬ。厚生労働省や経済産業省は福島原発の事故処理作業員に被曝限度上限を一〇〇から二五〇mSvに引き上げた（朝日新聞'11.3.15.）から、作業員は生死の境を行き来している。三号機付近には四〇〇mSvの放射能があるからだ。

次は原発と地震の関係について。プレートとは地球を覆う巨大な岩盤のことだが、地震の原因は、プレートの沈下・離反・結合とプレート間の摩擦があり、その他にプレート内部の直下型がある。世界は一五のプレートがあるが、日本は太平洋・フィリピン・ユーラシア・北米の各プレートに四方を囲まれた地震大国である。原発推進派の人々は地震対策をどのように考えていたか。代表して中部電力ホームページから引用する。

＊　過去の地震記録や活断層を調査し、これ以上起こり得ないという地震を想定し基準地震動を作成、原子炉の耐震性や敷地周辺に認められた断層の長さから、想定される地震規模を推定し、これに耐えられるように計算されている。

＊　工学的な安全を考慮し、機器や建物は建築基準法の三倍の強度で耐震設計されている。

＊　津波対策として、建屋の高さを考慮してある。

＊　原子炉は地震時に燃料棒の間に反応を止めるために制御棒が自動的に挿入され、緊急停止するよう設計されている。

右記の説明に対し、原発反対派は以下のように反論している。

＊活断層は未発見のものがあり、現断層の資料では不十分だ。活断層には連続性があり、地震のエネルギーは相乗効果があるが、それを計算していない。一九九九年の台湾中部の地震では、岩盤が八メートルも垂直に落下した。これだと日本の原子炉は全て耐えられない。

＊建築基準法は関東大震災を参考にしたが、阪神大震災では地震の最大加速度八三三ガルを記録した（一ガルは毎秒一センチの地震加速度を表示する単位）。現状で最大の耐震性がある浜岡原発でも六〇〇から四〇〇ガル、島根は四〇〇～三〇〇ガル、川内は三〇〇～二〇〇ガル、福島は三〇〇～二〇〇ガル、東海は二〇〇～一〇〇ガルしか想定されていない。日本の原発の全てが阪神大震災を基準値にすれば不合格だ。

＊緊急停止の制御棒は地震時に、挿入不能になる可能性がある。

＊津波の高さを想定しても、津波後に原子炉が冷却不能になる可能性がある。

我々は原発事故以降の現状に照らし、各自が両意見を照合してみることが必要だ。

前者は「過去の地震記録」とか「これ以上起こり得ないという地震を想定し」とか「工学的な安全を考慮し」とか「津波対策として、建屋の高さを考慮し」といった言葉が並んでいるが、抽象的であり、数値が示されておらず、過去の具体的事例を紹介していない。だが後者は「活断層」の解説や、過去の事例が紹介されており、数値が示されている。

賛否両論に接したとき、両者が五分五分の場合もあるが、一方的にどちらかが正しい場合もある。今回の場合、事故が起こったのだから原発反対派の説が正しかった。事故後にこれを指摘するのは易しい。だが我々庶民は事故の起こる前に両者の言い分を判断しなければならなかった。それには数値や歴史や事例を示してあるかを見よう。素人は数値を判断できないが、事故後の責任追及や裁判の際には検証されるから、やはり数値の記録は重要だ。それに、形容詞や副詞が多く抽象的なことばを並べていたら、うさん臭い。原発事故は情報を読み解く能力を磨く、絶好の機会であると思う。

2 原子力ポスター・コンテスト

「原子力ポスター・コンクール」という行事がある。一九九三年から行なわれ、二〇一〇年には一七回を迎える。主催は「日本原子力文化振興財団」であり、電気事業連合会、日本原子力研究開発機構、原子力発電環境整備機構が協賛している。子どもたちに、原子力発電についてのポスターを描かせようという。二〇一〇年の審査委員はフリーキャスターの伊藤聡子、立教大学教育学教授の富安敬二、元原子力委員長で東京工業大学名誉教授の藤家洋一らである。

主催者は九つのヒントを参考に「ポスターをつくろう」と呼びかけている。ヒント1「大切な電気を作る原子力発電」と題し「私たちの使っている電気の三割は、原子力発電でつくられています」と説明している。ヒント2「小さな原子から出るエネルギー」では、ウランを紹介し、ヒント3では「小指の先くらいの小さなウランから一般家庭の八～九ヵ月分の電気をつくることができます」と述べている。

ヒント4では「原子力発電は地球温暖化の原因といわれている二酸化炭素を出しません」と「地球にやさしい原子力」を強調している。ヒント5で、「放射線は遠い宇宙から飛んできたり、大地や食べ物から出たりしています」と解説し、ヒント6では「発電所では厚い鋼鉄やコンクリートなど五重のかべで安全を守っています」と安全性を強調している。

ヒント7では「さまざまな分野で役立つ放射線」と題し、「年代の調査や健康診断のエックス線検査、花や果物の品種改良などでも役立てられています」と放射線の効用を説明している。ヒント8は使用済み燃料の「リサイクルができる」ことを図で示し、再利用可能な「プルトニウム約九五%、高レベル放射性廃棄物は約五%」と解説している。

ヒント9電気のごみは地下深くへきちんと処分。「使い終わった燃料のうち再利用できない約五%は高レベル放射性廃棄物といい、強い放射線を出します。人の暮らしや環境に影響がでないように、東京タワーの高さより深い地下へ処分することにしています」とある。

教育は心性操作に使われる。例えば、教育の場で方言を禁止し標準語を教え込むのは、地域より民族国家を強調して、生活態度や習慣をも変えようという目論見がある。もともと教育は生徒の「心の入れ換え」に目的がある。右に紹介した「原子力ポスター・コンクール」の審査委員にマスコミと教育学者と内閣府の代表が加わり、原発を推進するための心性操作が目的であることが、福島原発事故後の今だとよく分かる。

授けようとした知識の裏に隠されているものがある。

第一に、「使用電量三割が原発」と解説しているが、それは一九九〇年初頭から各電力会社や東芝が「オール電化」を販売戦略として、エコキュート（給湯器）やＩＨクッキングヒーターや電熱式・ＰＴＣ式・蓄熱式・ヒートポンプ温水式冷暖房を売りまくり、電圧を一〇〇ｖから二〇〇ｖに引き上げ、消費者がそれに乗り、消費電量が急上昇したことを隠している。石原都知事が言うパチンコ店と自動販売機の消費電量のせいではない。

第二に、「ウランの効率の良さ」を強調しているが、事故後の賠償金という外部経済を計算に入れていない。第三に、地球温暖化について、物理学者槌田敦の「CO_2原因に疑問」の説を紹介していない。第四に、「役立つ放射線」について、放射線の動植物に与える影響や大気や地中や海水汚染について説明していない。

第五に、安全について。国内のＪＣＯ・浜岡・美浜・福島の事故、スリーマイル島一九七九年やチェルノブイリ一九八六年の事故等にも触れていない。安全ならば、都民のための原発をなぜ都内に作らなかったか。第六に、使用済み燃料リサイクルについて、プルトニュウムは再利用されているが、それは核兵器の製造に有効であることを述べていない（一一一ページ、11「原発と核兵器」参照）。第七に、放射性廃棄物について、地中深く埋め込まれても放射能は半永久的に消滅せず、次世代から子々孫々までに管理を委ねることになり、子どもたちにその覚悟を促していない。

放射能も怖いが、心性操作も怖い。

「繰り返しますが、放射能が現に施設の外部に漏れている状態ではありません。落ち着いて情報を得るようにお願いします」。この文は二〇一一年三月一二日に出された、政府の原子力緊急事態宣言の最後の部分に書かれたものである。

その約二ヵ月後の現在、原発事故に関する資料として、内外の新聞・テレビ・ネット情報を台紙に貼り付けて保管してきたが、それが約一五〇〇シートに達した。このシートの全部を整理し解釈し解説するのは困難だから、素読して得た全体像を予め述べておきたい。一言で述べれば「階層社会から階級社会へ」という印象である。階層とは「上層・中層・下層」と呼ばれる所得に応じた人口分布で示される。不動産を除く金融資産が一億

3

支配の構造

円以上のA層が日本に二〇四万人、年収一〇〇〇万から七〇〇〇万のB層が二四〇〇万人、年収七〇〇万から三〇〇〇万のC層が七四〇〇万人、三〇〇万以下のワーキングプアや生活保護水準のD層が二〇四〇万人いる（野村ホールディングスHP 2006年）。

それに対して階級とは、所得の分布ではなく支配関係を現す用語である。「貧乏人が努力して金持ちになった」とか「貧乏人が居て金持ちが居る」のではなく、「貧乏人を収奪した結果、金持ちが生まれた」とか「金持ちは貧乏人を必要とした」という両者の関係を現すことばである。前にも紹介したが二〇〇〇年の国連大学の調査に拠れば、世界人口の一％の超富裕層が世界の富の九九％を所有し、九九％の多数者が富の一％を分け合って生活している。この超格差はネオリベラリズムの主張に促され、一九九五年のWTO（世界貿易機構）の誕生とGATT（全ての公共サービスを私企業に委ねる）宣言に負うところが大きい。

昔のような奴隷主や領主が居るわけではなく、今は民主主義の世の中だから、支配というとことばを訝しく思われるから、「見えざる支配」と表現した方がいいかも知れない。洗練された支配のメカニズムを説明するために、「広告王」「PRの父」と呼ばれたエドワード・バーネイス（一八九一～一九九五）を紹介したい。

彼は「プロパガンダ」という本を一九二八年に書いた（『プロパガンダ教本』成甲書房）。プロパガンダとは一七世紀に植民地に派遣される伝道師を「教育する」ための用語だった。前に紹介した心性操作と重なる概念だ。

バーネイスはその本の冒頭で「大衆の意識と行動の操作は民主主義の重要な要素である」と定義し、「大衆を知る知的な少数の人々が、高い能力を発揮できる重要な地位につき、不可視のメカニズムを体得した者のみ、国を統治することができる」と述べている。「誰を尊敬し、誰を軽蔑し、何を信じ、何を持ちたがり、どのような家に住みたがり、何処に家具を置き、食卓に何が出て、何を着て」等々、大衆が無自覚にしていることを、「熟知している指導者によって統治されるべきだ」という。「人が自分の好みのスーツを買ったとする。だがそれは、ロンドンの匿名の紳士服仕立屋に従っているに過ぎない」「大衆は見えない権力の操作の結果、心は鋳型に嵌められ、形つくられた好みに従い、示唆された考えによって行動する」このように、「マス大衆は統治者に自発的に協力させられなければならない」。「大衆のリーダーを狙え、リーダーを摑めば大衆はリーダーに従う。大衆は一人でいるときも心はグループのパターンに染まっている。信頼するリーダーに従うのは大衆心理の確実な原理だ」。大衆の一人がリーダーを持たない時、常套文句や決まり文句に従う」から、選挙の時の投票行動も支配者の操作に従って、「自発的」に「指導者を選ばされる」のだ。大衆は自分の意志で行動したように思っているが、実は衝動や習慣や感情や自己顕示欲によって「自発的」に「選ばされた」のだ。

一九三三年ドイツでナチス政権が誕生したが、その時の宣伝大臣ヨゼフ・ゲッペルスはこのバーネイスの『プロパガンダ』を愛読していたと言われる。

これが原発事故とどう関係するか。これから資料を示しながら、原発が支配や統治に如何に利用されたかを説明していきたい。

その前に、四月一〇日の統一地方選挙で、東京電力の筆頭株主である東京都の知事に石原慎太郎が当選し、関西電力の筆頭株主である大阪府の知事、橋下徹が代表をつとめる「大阪維新の会」が府議会選挙で第一党となった、この選挙結果をみつめてほしい。石原に投票した女性七〇歳は「はっきりものをいうところがいい」、団体職員男性六四歳は「リーダーシップがあり、ベテランで一番実績もある」、無職男性七五歳は「卒業式で日の丸を掲げてもらわないと困る」と述べている（朝日新聞 '11.4.11.）。

4 産業の系譜

前回、原発事故を契機にこの社会の支配構造が露わになったと述べた。では支配者は誰か。グローバル企業が世界市場で得た利益は株価に表れるから、その株主たちが支配者と言えるが、当面、原発産業の動向を『業界地図2011年版』で調べてみた。『業界地図』は毎年高橋書店と日本経済新聞出版社から出されていて、両者の解説で全体像が分かる。

「重電業界は国内需要減少傾向の中で、インフラ整備が不十分な開発途上国に向けられている。特に環境意識の高まりで、原子力発電システムに注目が集まる。世界原子力協会の二〇一〇年の調査によると、今後一〇年以内に稼働をめざす原発は一九五基、さらに一〇～一五年間で三四四基が見込まれている。東芝では二〇一五年までに、世界で三九基の受注目標を掲げている。五つの上場子会社を完全子会社化するなどグループ内再編を進める日立製作所は、米国のゼネラル・エレクトリックと共同した「日立GEニュークリア・エナジーを通じ、次世代原発を強化。開発途上国にむけ、各社がしのぎを削っている」（高橋書店）とある。

「米スリーマイル島、旧ソ連チェルノブイリの事故で、長い冬の時代が続いたが、地球温暖化問題がクローズアップされたことで、CO_2を排出しない特性が再評価を受け、世界で新設計画が相次いでいる。国際原子力機関IAEAの予測では、世界の原発は二〇三〇年までに、発電容量で一・四〜二倍に増える。

原発メーカーは三陣に集約された。米ウエスチンハウスを買収した東芝、米ゼネラル・エレクトリックと事業統合した日立製作所、欧州原子力最大手仏アレバ社と事業統合した三菱重工業が有力企業だ。ただし、新興国の商談では、韓国とロシアのメーカーに受注をさらわれ、日本勢は態勢の建て直しを迫られている。原子力ルネッサンスと呼ばれるブームに沸くが、順調に市場が立ち上がるかは未知数だ。米国は三〇年ぶりに新設計画が動き出したが、建設費の高騰で、電力会社は数千億円もの巨額投資に慎重になりはじめた（日経出版）。

この解説を要約すると、アレバ社と三菱、ＧＥ社と日立、東芝とＷＨの三大グローバル資本が競合する中、新規にロシアのロスアトム社と韓国のＫＨＮＰ社（韓国水力原子力発電会社）が途上国への原発売り込み競争に参入し、前記三大グローバル資本が脅威に感じている。

さて、二〇一〇年の「通商白書」によると、「今後、原子力ビジネスは堅調に伸びていく。二〇三〇年までに設備容量は二倍程度になり、市場規模は年一一兆円になる」とあり、売り込み先は、対ベトナム、二〇一〇年原発二基日本政府受注、対トルコ、二〇一〇年一二月トルコ・エネルギー天然資源相来日（韓国と競合）、日本経済産業省協力文書署名、東芝と東電が受注、対マレーシア、二〇二一年一号基稼働、対インド、日本との原子力協定交渉中、対カザフスタン、東芝が原発建設可能性調査中、対クウェート、二〇二二年一号基建設予定、対ヨルダン、二〇一八年一号基稼働予定、三菱重工業とアレバ社、各国政府と企業が一体となって売り込み競争をしている（朝日新聞'11.3.16）。

世界規模の競争となると、建設コスト削減、下請け化、規制緩和等の面で、各原発企業が鎬《しのぎ》を削って来たに違いない。今回の事故はその競争下に起こった。

国内をみると、北海道、関西、四国、九州各電力会社は米WHと三菱重工が造った加圧水型原発PWRを使い、東北、東京、中部、北陸、中国各電力会社は米GEと東芝と日立が造った沸騰水型原発BWRを使っている。一基の製作費は四〇〇〇億円で、関連産業の増殖利益を足すと、相当な額となる。ちなみに、二〇一〇年の売上高と営業利益は、日立製作所が八兆九六八五億円と二〇二二億円、東芝が六兆三八一六億円と一一七二億円、三菱重工が二兆九四〇九億と六五七億円である（前掲、日経『業界地図』）。

事故の賠償が問題になっている。これについては項を改めて述べたいが（一九〇ページ、6「事故の賠償」参照）、予め以下のことを指摘しておきたい。支払い能力を考えると、責任を企業とその株主に取ってもらうと解決する。数十年にわたり原発産業で経営黒字を出し、最近では年に一一兆円にもなる市場からすれば、当面問題となっている四兆円とか五兆円の支払い能力はあると思われる。だがその発想が出てこないのは、支配の構造に由来する。歴史的に、支配者は被支配者に賠償責任を持たなかったからだ。

5 文部省と文科省

福島原発事故以来、文部科学省の出番が多くなった。「震災被害情報」や「環境放射能水準調査」を発信し続けているし、二〇一一年四月二〇日には四五ページにもなる「放射能を正しく理解するために」というパンフレットも発行した。年間累積被曝放射線量安全基準を、原子力安全委員会が「子どもは成人の半分の一〇 mSv を目安に」としたのに対し、文科省は「年に二〇 mSv」と発表し、物議をかもしている。

文科省は二〇〇一年の中央省庁再編により誕生した。一九七一年以来続いてきた文部省と科学技術庁が合併し、新庁舎が建つまでの二〇〇四年から二〇〇八年まで、三菱重工業の古いビルに仮住まいしていた。文科省は当初より原発製造会社と仲がよかったのだ。反体制派の人々は文部省と文科省は「同じ穴の狢《むじな》」と見ている人が多いが、違うのでないか。

一九九五年七月二六日の毎日新聞は、「文部省と日教組の歴史的和解が実現する運びとなった」ことを社説に取り上げている。日教組の一九九四年九月の大会で、学習指導要領と初任者研修を受け入れ、文部省は中央教育審議会専門委員に日教組幹部を起用することを決めている。社説では「イデオロギーの対立を捨て、時代に見合った協調関係を築くという英断を歓迎したい」と述べている。この時期には、文部省と日教組が協調路線を歩んでいた。

藤田英典は「学力とゆとりの構造的矛盾」(「現代思想」'08.4.)の中で、文部省が次第に政・財界の意向を取り入れざるを得なくなった経緯を解説している。グローバル規模の経済競争が激化し、その競争に勝つための「エリート教育」を財界が求め始めた。一九八四年臨時教育審議会では「自由化と個性化」を求める新自由主義派の香山健一(第一部会)が出て、文部省と自民党文教族の与する第三部会と対立した。前者は「エリートの早期選別」や「リーダー養成」を唱え、選択制や中高一貫制を進めようとし、後者は公教育を守ろうとし、差別化や格差拡大を懸念していた。後者が日教組と和解したのも肯ける。

その後、経済企画庁の意向を反映し、一九九二年に学校週五日制が施行されたし、小渕内閣の「教育改革国民会議二〇〇〇年」、福田内閣の「教育再生会議二〇〇六年」、森内閣の「経済財政諮問会議二〇〇一年」、小泉内閣の「規制改革民間開放推進会議二〇〇四年」は全て内閣の諮問機関であり、これが教育提言をおこなった。ちなみに、二〇〇四年の全国一斉学力テストの提案は経済財政諮問会議で出され、その臨時議員となった中山文科省大臣は「子どもの頃から競い合い、お互いに切磋琢磨する意識を涵養するため」と発言している。

小泉内閣の時には「最低賃金の引下げ」「派遣請負労働の奨励」、それに「学校選択の自由」「教育バウチャー制」が提案された。ネオリベラリズム主導の労働政策と教育政策が一体となって進められた。だがその雰囲気の中でも、旧文部省内の公教育を重視する官僚がいた。

藤田英典は「八〇年前後に文部省の人とは付き合いがありますが、九〇年代になっても、(文部省の)大勢は学校選択制に否定的だったと思います。九三年から官邸に近い高官から中高一貫を始めとする学校の多様化や選択制にポジティブな人が増え始めたように思います。二〇〇〇年の教育改革国民会議の時でさえ、文科省の若手はもちろん、課長クラス以上でも新自由主義的・市場原理主義的路線にはかなり強い抵抗感を持っている人がマジョリティだったように思います。」と述べている（前掲、「現代思想」）。

内閣審議会が教育政策の基本方向を左右した。その政治圧力は財界の意向を反映したものであり、一九七〇年代から、マスコミを動員した公務員叩きが始まり、学校叩きがそれに続き、「画一化」を批判し、「アカウンタビリティ（説明責任）」が問われ、「個性化」や「多様化」が持てはやされるようになった。二〇〇〇年の二一世紀構想懇報告書には「学校週三日制」と「サービスとしての教育」が唱えられている。バーネイスの唱える心性操作が、教育を通じて行なわれてきた。

この一連のネオリベラリズム路線の延長線上に、文科省の「活躍」があることが分かる。原発事故を契機に、文科省の実像がはっきり見えるようになった。

6 事故の賠償

五月一三日、事故賠償の政府原案が発表された。賠償業務には原発賠償機構が当たる。東電は年二〇〇〇億円、原子力発電を持つ九つの電力会社は年三〇〇〇億円を一〇年間、東電は二兆円、九電力会社は三兆円を当機関に出す。国は政府保証付き交付国債を、金融機関は債務保証付き融資を当機構に出す。当機構はその金を被害者に渡す、というもの。なお東電には不動産や有価証券を売却し、リストラ等の経営努力によって五〇〇〇億円から八〇〇〇億円を捻出させる。その監督に当たる第三者委員会を作る、というものである。

この案に疑問がある。東電の資産は五〇〇〇億円だから、当然赤字が出て、電気料金値上げにつながる。それに金融機関の負担なしに事が運ぶか。東電はそのまま存続させるのか、という疑問である。週刊新潮（'11.5.26.）は「東電管内の電気代は三八％上昇」と伝え、週刊文春（'11.5.26.）は「東電よ、血税導入の前に身銭を吐き出せ」との見出しで「東電の清水社長は入院中に一億円住宅のローンを完済し、社員の退職者企業年金は月に四〇万円だ」と報道している。政府原案作成中の試算でも「電気料金は一六％値上げ」と伝えられている（朝日新聞 '11.5.7.）。結局、国民負担で賠償することになる。

週刊文春は東電社長や退職職員の企業年金の個人事情を伝え、いわば中間層を叩いているが、電力会社や原発製造会社の株主や社債の所有者には触れていない。賠償責任を論ずる時に、責任企業の株主や債権者に触れることはタブーなのだろうか。

政府が浜岡原発の停止要求を出したとき、中部電力は臨時取締役会を開いて下記の三点を検討したという（毎日新聞 '11.5.8.）。第一、夏場の電力供給について、総供給量二九九九万キロワットで浜岡の三六〇万キロワットを引いても二六三〇キロワットあり、夏場の二五六〇万キロワットに対応可能だが、第二に、業績が悪化し株主に説明できなくなる。予測される二五〇〇億円の赤字を出すと、株主代表に訴訟を起こされる。第三に、静岡県御前崎市に国からの交付金が停止される懸念がある。電力会社は国民全体より、株主のことをまず考える習性があるのが分かる。

中空麻奈（BNPパリバ証券クレジット調査部長）は次のように主張している。電気事業法により、電力会社の社債権者は他の債権者より優先して弁済される権利を持つから「株主も社債の保有者も同じ投資家として痛みを」といった議論は乱暴だ。金融機関に社債の放棄を期待する声が政府から出ているが、言い過ぎはよくない、と述べている（朝日新聞'11.5.14.）。つまり社債権者や株主は法で保護されているから、賠償責任を問うべきではないと主張している。ちなみに、国内の社債発行残高は六二兆円、そのうち電力債は一五兆円、さらにそのうちの東電の社債は五兆円であり、年金基金や投資信託が利用していると解説している。支配者側に立った発言である。

このタブーに挑戦した発言がある。早川博之（元長岡大教授、金融論）は「金融資産に課税せよ」と説いている（朝日新聞'11.5.7.）。現在日本の金融資産は一〇〇〇兆円を越すから（一〇六ページ、日本人の個人金融資産合計は一五〇〇兆円）、三〇〇〇万円以上の資産のある資産家を対象に、総額五〇〇兆円に臨時税を最高三％から最低〇・三％課税すれば、五兆円になる。「川の流れが細くとも、ダムに水があればそれを使えばいい」と解説している。

フローに課税することを止め、ストックに課税するのだ。金融資産は捕捉が困難だが、「高額納税者殿堂」でも建設し、そこに「復興協力感謝」の碑でも記せばいい、と述べている。

愛川欽也が司会するパックイン・ジャーナル（'11.4.23.）で、「アエラ」のシニア記者山田厚史は、国債や増税によって費用を捻出するのは筋違いで、日本の海外投資資産が三〇〇兆円あるから、この一部を日本に引き上げればいいと主張している。アメリカには八〇兆円貸しているから、「未曾有の災害だから、五兆円ほど返して欲しい」と言えばよい。ところが、アメリカの財務長官は大震災直後に「日本の国債売りなし」と予め釘を刺してきたと解説した。その時、愛川欽也は「日本はアメリカの属国だからね」と応じている。

庶民の感覚だと、家が火事になったとき、預貯金があればそれを引き出し、他人に金を貸していたらそれを返してもらうのが常識だが、国家や大企業の感覚は違う。原発事故の賠償を通じて、支配と被支配の関係が明らかになってきている。奴隷主が奴隷に補償金を出したことはない。封建領主が農奴に賠償金を出したこともない。

それと同じことが現代社会にあるのだが、多くの人は「民主主義の世の中だから、支配関係はない」と思い込んでいる。民主主義には二つの概念があり、一つは「人民の人民による、人民のための」民主主義だが、前に述べたが、もう一つはバーネイスが唱えた、心性操作により、庶民が「主体的」に判断して行動し、気付かぬうちに支配されている「民主主義」がある。今は後者の「民主主義」社会にいることをまざまざと見せつけられた。

7　事故の裁判

今回の原発事故が起こる前に、一九九〇年代からおよそ二〇年間、原発の危険性を訴えた住民運動があった。朝日新聞（'11.4.15）は一連の裁判と判決を伝えている。

北陸電力志賀原発一号基運転差し止め訴訟。一九九八年九月に名古屋高裁金沢支部の判決は住民の請求を棄却している。続いて志賀原発二号基の運転差し止め訴訟が出されたが、二〇〇六年三月に金沢地裁の井戸謙一裁判長は「北陸電力志賀原発二号基の耐震性は不十分」とし「電力会社の想定を越えた地震動によって事故が起こり、住民が被曝する可能性がある」と住民側請求を認めた。

福島の事故で「想定外」ということばがよく使われた。二〇〇六年に井戸裁判長は「想定外と言ってはいけませんよ」と指摘したのだから、先見の明があった。ところが、二〇〇九年三月の名古屋高裁金沢支部の判決では住民請求が却下され、最高裁で住民側の敗訴が決定している。

北海道電力泊原発の運転差し止め訴訟では一九九九年二月に札幌地裁の判決があり、住民側請求は棄却された。一九七四年に始動した島根原発は一九九八年に活断層が判明し、住民訴訟が出された。二〇一〇年五月に出された松江地裁の判決では「活断層や原発の耐震安全性の調査は最新の研究成果を反映した国の耐震指針に基づいている」として、住民側が敗訴している。福井県の高速増殖原型炉もんじゅの訴訟では、二〇〇三年五月、名古屋高裁金沢支部は設置認可は無効と住民側を支持したが、最高裁では逆転敗訴している。四国電力の伊方原発（愛媛）について「行政庁の判断は不合理」と訴訟を起こしたが、一九九二年一〇月に出された最高裁の判決では住民敗訴となっている。

中部電力の浜岡原発（静岡）の訴訟は今でも続いている。地震の影響で非常用電源が作動するかどうかが争点になった。一審で中部電力側の証人として出廷した現原子力安全委員長、東大教授斑目春樹は「可能性があるものを全部組み合わせていったら、モノなんて造れない。どこかで割り切るんです」と説明している。二〇〇七年一〇月の静岡地裁判決は「耐震安全性は確保されており、原告らの生命、身体が侵害される具体的危険は認められない」と述べ原告側の請求を棄却し、現在東京高裁で審議が継続中である。

六ヶ所村核燃料サイクル施設事業取り消し訴訟は、一八年間も続いている。広瀬隆によると（ビデオドットコム '11.3.19.「予言されていた原発震災」七〇分発言）、青森県六ヶ所村には日本全国五四基の使用済み燃料棒が集められ三〇〇〇万トンになり、もし事故を起こしたら、世界的規模の被害になる。集めてはいけないのだ。

一九九九年九月三〇日に東海村ＪＯＣ（住友金属鉱山燃料事業東海工場）の臨界事故があった。臨界事故とは核分裂が連鎖的に継続して起こることだが、作業員三人が中性子線とガンマ線を基準値の三〇倍を被曝し、近隣の一〇万世帯三一万人が屋内退避した。被曝した一人は一九九九年一二月二一日に死亡し、他の二人は約三ヵ月後に退院した。

原子力安全委員会は「ウラン加工工場臨界事故調査委員会」を設置し、事故報告書をまとめた。そこには「直接原因は作業者の行為にあり、責められるべきは作業者の逸脱行為である」と記された。調査委員会二四人のうち二名は核燃料機構のメンバーが含まれていた。

事故一年半後の二〇〇一年四月、水戸地方検察庁はＪＯＣと社員六名を業務上過失致死罪で起訴し、刑事裁判が始まった。二〇〇三年三月の判決では、法人ＪＯＣに罰金一〇〇万円、東海事業所所長に禁固三年、社員五名に禁固三〜二年、全て執行猶予つきだったが、その中に被曝した横川豊も含まれていた。

一連の裁判を考えてみると、住民側は金沢地裁を除きほぼ敗訴している。特に最高裁では完全敗訴であった。権力に近づけば近づくほど住民要求が認められない。ＪＯＣ事故の管理責任は企業と政府にあるのに、作業員が罰せられた。安全委員会が作った事故調査委員には、本来なら被告席に座らなくてはならない人が含まれている。加害者が被害者を調査したことになる。裁判では加害者の調査に基づき被害者を罰した。原発事故を巡り、裁判所は支配者側に立つことが明らかになった。「裁判は公正であるべき」と表現するのは当たらない。支配者の恣意によって被支配者を裁いたと表現すべきだ。住民側に残されているのは体制変革を目指す団結と抵抗運動のみである。

8 放射能

老人二人が話をしている。「放射能にシート・ベルトが使われるのか」「そんなこと言うと若者に笑われるよ。シーボルトと言わなくちゃ」。この小話のように耳慣れないことばが飛び交うと、老人ならずとも戸惑う。人体に吸収される放射線量をシーベルトSvで表示し、ミリシーベルトmSvとマイクロシーベルトμSvの単位がある。一Svは一〇〇〇mSv、一mSvは一〇〇〇μSvである。一時間に〇・五Svを被曝すると急性症状を呈し、二時間で死亡する。放射性物質の原子数が半分に減るまでの時間を半減期といい、ヨウ素131は八日、セシウム137は三〇年、プルトニウム239は二万四〇〇〇年、ウラン238は四五億年である。半減期が短いと放射線を大量に出し、長いと微量であるが億の桁になるからいずれにしても怖い。単位や数字を理解するのは面倒だが、これが分からないと事態の意味が分からない。

二〇一一年四月二〇日、文部科学省は放射能の基準値を示した。一年二〇mSv、一日五五μSv、一時間二・二μSvとし、三・八μSv以上の時は屋外活動を一時間に制限し、年間九・九九mSvを越えない、というものである。同省は二〇一一年四月二四日に累積放射線量を発表、南相馬市〇・五九五mSv、田村市〇・九八七一mSv、飯館村一一・六五mSv、浪江町二〇・二七mSvである。すでに浪江町では児童が登校できる基準値を越えていた。

四月六日に原子力安全委員会の代谷誠治委員は記者会見で「子どもの年間累積被曝放射線量を成人の半分の一〇mSvを目安に抑えるべきだ」と発言した。ところが参議院文教科学委員会で、高木義明文科相は「基準は年間二〇mSv」と明言し、その後代谷は文科相の数値に合わせて、自分の発言を修正した。

一般公衆被曝量が年に一mSyだから、文科省に二〇mSvを示されて議論が沸き起こった。内閣官房参与の小佐古敏荘は文科省の基準値を批判して辞任した。山下俊一長崎大

（被曝医療）は放射能物質に汚染された環境の中でどう生きていくかを優先的に考えれば二〇mSvは許容範囲」と説いたが、米国内「社会的責任を果たす医師の会」は「自然放射線を含めた被曝はいかなる量でも発がんリスクを高める。子どもは大人より放射線の影響を受けやすく、胎児はさらに弱い。子どもの放射線許容量引き上げは不合理だ。このレベルで被曝が二年続けば、子どものガン・リスクは一％となる」と警告している（毎日新聞'11.5.16.）。

武田邦彦中部大教授は私的なＨＰ（http://takedanet.com）で「福島県学校周辺放射線空間線量率」を発表している。「子供は大人の被曝量の一・五倍で計算せよ」「内部被曝（空気・埃・水・魚・肉・野菜）は外部被曝の二倍で計算せよ」「外部と内部と食材と水の四要素を計算すると、現在の福島の子どもたちの被爆量は年一〇三七mSvになる」「学校は独自に放射能測定器を用意し、地上二〇センチの空気・給食素材・子供の衣服を測定しよう。その際、機器がないなどと大人の都合を述べてはならない。安全かどうかは議論してはならない。法定数値（一時間〇・六μSv）に従うべきだ」「ストロンチウムは骨に入るので危険だが、現在のところ数値の発表がない」と警告している。

なお、原発震災復興福島会議は独自に放射線測定器を入手し福島県内一四〇〇校を調査した結果、〇・六μSv以上の学校は七六％、二・三μSv以上は二〇％に達したと発表している。

増田善信。元気象研究所研究室長は「恐れて怖がらず、放射線は見えないから、測定器の示す危険確率を上げないよう。東京での外出は西風の日を選び、雨を避け、マスクをし、帽子を被り、帰宅したらシャワーを浴び、衣類はウールよりビニールを着用し、レインコートを着て、洗濯や野菜の洗浄をよくし、溜置水に活性炭を入れ、井戸水より水道水を使い、ヨウ素剤を飲もう」と呼びかけている。（酸性雨調査研究会 hzb04137@nifty.com）

一連の情報を整理してみる。安全委員会の代谷委員は初め一〇mSvの基準値を示したが、後に文科省の基準値二〇mSvに訂正した。基準値は低く設定する方が安全だが、行政判断ではそうはいかない。なぜなら、すでに田村市〇・九八七一mSv、飯館村一一・六五mSv、浪江町二〇・二七mSvの数値を示しているので、この地域では学校再開が不可能であり、義務教育である小中学校の移転先とそのための費用を即時に捻出しなければならない。文科省担当官の頭の中には「それは無理だ」との考えがよぎったのではないか。

それは文科省の「都合」なのだが、中部大の武田が言う「大人の都合を述べてはならない」に違反することになる。その事実が明確になれば行政の立場がない。予め基準値を上げておけば、非難を免れることができる。そう思ったに違いない。つまり、支配者の「都合」に合わせたのだ。

子どもたちの体への影響について、「人体は大丈夫だろう」という意見と厳しい警告が錯綜している。どちらが正しいかは一〇年後二〇年後に判明するが、その時「被害を受けた」と裁判に訴えても、今の体制が続くかぎり、勝訴の見込みはない。それが庶民の哀しいところだが、防衛と抵抗と抗議は続けなければならない。

9　原子力村

朝日新聞の二〇一一年五月二二日に「原子力村」のイラスト地図が載っている。内閣府に安全を審査する原子力安全委員会があり、政策の基本方針を出す原子力委員会がある。文部科学省には日本原子力研究開発機構が置かれ、経済産業省には資源エネルギー庁と原子力安全保安院がある。右記五つの政府機関と原発企業と電力会社、それに大学等の研究機関やマスコミが加わって「村」を作っている。

東電の副社長を辞し一九九七年に自民党参議院議員に当選した加納時男は次のように語っている。「出馬の際は東芝会長、日立社長、三菱重工業会長も駆けつけてくれ、経済界挙げての草の根選挙だったと思います。秘書五人のうち一人は東電退職者で残る四人は東電を休職して来てくれました。ほとんど海外留学組で優秀な方々でした」（前掲、朝日新聞）。「村という言葉自体が差別用語的です」と語りながら、「村」の実態をよく伝えている。

同じ記事の中で、「村八分」にあったことを安斎育郎。立命館大名誉教授（放射線防護学）が証言している。彼は一九六〇年東大工学部原子力工学科の第一期生だったが、卒業後東大に勤務した。だが反原発主義の立場だったから、研究室内では「安斎とは口をきくな」とささやかれ、一七年間助手のままだった、と語っている。

飯田哲也。環境エネルギー政策研究所長が「原子力村」の命名者だという（毎日新聞'11.4.21.）。原子力を学んだ学生が卒業の際、人脈で電力会社や電力産業や地方自治体技官に就職しているからだ（同紙、「記者の目」、日野行介、原子力村の閉鎖体質）。日野記者は二〇〇三年の名古屋高裁金沢支部判決の際、原発に批判的な記事を書いたら、電力会社の役員から「原発がいかに安全かを理解していない。反省しろ」と叱られたと書いている。

原子力の戦後史について、有馬哲夫。早大（メディア研究）が以下のように解説している（毎日新聞'11.4.20.）。二〇〇五年にCＩＡ（アメリカ中央情報局）の四七四ページにわたる機密文書がワシントン国立第二公正文書館で公開された。その文書に「ポダムとの関係は十分成熟したものになったので、具体的な協力申し出ができるのではないかと思う」とある。ポダムとは読売新聞社社主で日本テレビ社長、それに原子力委員会初代委員であった正力松太郎のことで、彼がＣＩＡの支持を得て、政財界や新聞やテレビを通じて「原子力平和利用」のキャンペーンをした。

一九五三年一二月の国連総会で、アイゼンハワー大統領が原子力平和利用演説を行なったが、これは対ソ冷戦に優位に立つことを目的とし、被爆国の日本に暗に正力松太郎内閣を作ることをも目指していたという。正力は首相にはならなかったが、一九五四年三月四日中曽根内閣の初代科学技術庁長官として、原発関連予算を国会に提案している。「原子力村」の基礎を作ったのはマスコミの大物であった。

毎日新聞（'11.4.19）は、東電への天下り状況を伝えている。一九六二年に通産次官石原武夫は東電の副社長と監査役に、一九八一年に資源エネルギー長官増田実は副社長に、一九九一年に資源エネルギー庁次長川崎弘は副社長に、二〇〇〇年資源エネルギー庁次長白川進は副社長に、二〇一一年資源エネルギー庁長官石田徹は顧問になっている。電力会社一〇社の取締役等の幹部になった官公庁ＯＢは累計で四五人、また、経済産業省や東電Ｏ

Bが経産省管轄の七八五の公益法人の理事や監事役になっている。東電幹部は常時、自民党に献金しているという。社長は三〇万円、副社長は二五万円、常務一二万円等であり、これは「昔からのしきたりだった」という（毎日新聞'11.4.20.）。

社会心理学に「自我関与」なる用語がある。地位や職や名誉や金品で結びついた人間関係はいくら議論しても解体し難い。東電の社員は月給をもらっているから東電を批判できない。人事権を持つ教授の意見に合わない部下の研究者は昇進し難い。政府や企業の補助金をもらった大学は政府や企業の批判はしない。支配層の結束は自我関与によって固まる。

10

原発作業員

一級プラント配管技師の平井憲夫は「原発がどんなものか知ってほしい」という手記を残し、一九九七年一月、ガンのために逝去された。この手記（http://www.iam-t.jp/HIRAI/）を紹介する前に、以下の三選択アンケートに答えて頂きたい。

1 施工や配管工事をする原発作業員は、
a 全て有資格者の玄人　b 素人と玄人の半々　c 素人が九五%
2 原発施設内工事の検査は科学技術庁（現文科省）の検査官がするが、検査官は、
a 原子力関係省庁のキャリア組　b 原子力技能者OB　c 他省庁からの素人

3　女川原発は震度5で耐震設計されているが、事故があった一九九三年の地震は、
a　震度6だった　b　震度5だった　c　震度4だった
4　原子炉が正常運転している時も冷却水に放射能があるが、その汚染水は、
a　放射能を除去し炉内で循環　b　汚染水槽に貯める　c　海に流している
5　原子炉内の作業員は防護服を着ているが、その防護服は、
a　薄い鉛で特殊加工　b　薄いジェラルミンで加工　c　ただの作業着
6　作業員は各自の放射線量を計る線量計をつけているが、それはどこに、
a　防護服の外ポケット　b　手首の時計　c　防護服内のチョッキ
7　チリやホコリを通じて口や鼻から作業員の体内に入った放射能は、
a　大小便と共に外に出る　b　汗と一緒に体外に出る　c　体内に蓄積される
8　新規に採用された作業員は一定期間の研修があるが、その内容は、
a　一年間の実地教育　b　現場で見習六ヵ月　c「原発は安全だ」の話を五時間
9　作業員の被曝基準値は年五〇 mSv だが、それに合わせて作業するには、
a　一日八時間作業可能　b　一日二時間作業可能　c　一日七分が作業限度

10 使用済みの放射性廃棄物は青森県の六ヶ所村に集められているがそのドラム量は、

a 一〇〇〇本　b 五万本　c 三〇〇万本

正解は全てcである。

1、原発作業員は現在も不足している。大阪あいりん地区の六〇代男性が土木会社からの求人で「ダンプカー運転手」と称していたので現場に行ったら、原発敷地内の原子炉冷却水をタンクから給水車に移す作業で、線量計を着けず働かされた（朝日新聞'11.5.9.）。

2、素人官査《ママ》。養蚕の仕事をしていた農水省職員が科学技術庁に配転され、「専門検査官」を称している例がある。原発製造会社の日立や東芝や三菱も下請工事で素人を使っている。作業がマニュアル化され、積み木細工様になっているので素人でも出来るのだ。

3、一九九三年関西電力女川原発一号基の事故は、細管が設計どうりになっていなかった施工ミスであったと平川が説明している。だから、震度5の耐震設計の炉が震度4の地震で事故を起こしたのだ。

4、「原発はすごい熱を出すので、日本では海水で冷やして、その水を海に捨てています。一分間に何十トンにもなります」と平井は証言している。

5と6、防護服は作業員を放射能から守るためでなく、作業後に裸になってシャワーを浴び、放射能が付着した防護服は捨てるのだ。アラームメーターが防護服の内側チョッキに着けられているのをみれば、防護服を通過して放射線が入ることを会社側は知っていることになる。

7、だから作業員は内部被曝をし続けている。平井も二〇年間原発作業をし、ガンで亡くなられた。

8、作業員初任者研修は「原発は安全だ」という講義ばかりで、放射能の危険性を予め教えるものではない。心性操作としての「安心感」を授けようとしている。

9、作業員の被曝基準値は年五〇 mSv とされていたが、この基準だと一日最高七分しか作業できない。今回の事故以降、東電は基準を二五〇 mSv に引き上げた（'11.4.30）。変更できる基準は基準とは言えない。

10、今、青森県の六ヶ所村にドラム管三〇〇万本あり、それを三〇〇年間管理しなければならない。一九九五年フランスで再処理された高レベル廃棄物が二八本、ガラス容器に詰められて六ヶ所村に送られてきた。「五〇年間冷却して、何処かへ埋める」というが、何処へ埋めるのだろうか。

「ホモ・サケル」という概念がある。イタリアの哲学者ジョルジュ・アガンベンが唱えた説だが（『ホモ・サケル――主権権力と剝き出しの生』高桑和巳訳、以文社、二〇〇七）、古代ローマには特殊な被差別民が居て「ホモ・サケル」と呼ばれた。これは「聖なる存在」とされたが、誰もが法律上の罪に問われることなくその者を殺してよろしい、なぜなら「神への犠牲」に提供するべき「呪われた生」であるからだ、という。

この統治方法は現代社会でも有効だと、アガンベンは言う。原発作業員の実態を知ると、現代日本にもホモ・サケルが居るように思う。人の命の犠牲の上に暮らす我々の生活とは一体なんだろう。

原発と核兵器

11

原発と核兵器は密接な関係があると思われる。証明は難しいが、幾つかの資料を検討してみると、きな臭さが浮かび上がってくる。

先に紹介した、平井憲夫の手記に「日本のプルトニウムがフランスの核兵器に」という項目がある。日本の原発で使用済みとなったウラン燃料はフランスに送られ、再処理されて、プルトニウムになる。プルトニウムは人工的にしか作れないが、半減期は二万四〇〇〇年、ほぼ永久に放射能を出し続けるので「プルトー（地獄の王）」と名付けられた。一九九五年フランスが南太平洋で行なった核実験は日本のプルトニウムが使われたにちがいない、「核実験反対と言っても、被曝国日本のプルトニウムがタヒチの人々を被曝させ、きれいな海を放射能で汚してしまったに違いありません」と平井は証言している。さらに平井は元原子力局長・島根武久の言葉を引用し、「日本はウランとプルトニウムを沢山持ちすぎているので、途中で止める勇気がなくなっている」と解説している。

イギリス北西部アイリッシュ海に面したセラフィールドに一九五五年、軍事目的の核燃料再処理工場が出来た。一九七〇年に放射線廃液が海を汚染したが、運営会社は事故を隠蔽し、イギリス政府は「健康に影響はない」と繰り返した。隣国アイスランドは操業停止を要求し、アイルランドは魚貝類の放射能を調査し始め、ノルウェーも激しくイギリスに抗議した（朝日新聞'11.4.3）。だが、軍事機密だから真実が分からない。不気味である。

二〇〇六年から二〇一〇年にかけ、日米外交公電七〇〇〇点がウィキリークスに暴露された。二〇〇六年、米大使が柏崎刈羽原発を訪問した際、「出入口の数、武装警官の配置の有無、警察と海上保安庁の連携状況、侵入者の探知センサーや監視カメラ」を調べた。二〇〇七年二月米原子力担当幹部は「日本の原子力関連施設に武装警備がない」と指摘し、文部科学省は「武装警備の必要性を判断するのは電力会社と警察」と答え、「原発従業員の身元調査はしているか」との質問に、「関連会社も含めた調査は憲法で禁止されているが、非公式に実施されている可能性はある」と答えている。米側が「核施設や核物質防護に関する機密情報の共有協定を提案」したのに対し、日本側は「国会の証人が必要」と消極的だったが「限定的な情報共有の分野を決めるには国会承認はいらないだろう」と米側に説明したという。要するに、アメリカは日本の原発事故による災害には無関心で、テロ対策にだけ強い関心を寄せている（朝日新聞 '11.5.7.）。

二〇一〇年九月に経済産業省と米エネルギー省が共同でモンゴルに核廃棄物処理場を作ろうとしていた。計画はボルマン米エネルギー省副長官と日本の経済産業省がモンゴル外務省に交渉した。自国内での核廃棄物処理が困難になった日米の事情に対し、モンゴルの「先進国の技術援助で原発を建設したい」との願いが一致したようだ（毎日新聞 '11.5.9.）。日本企業の東芝と日立が参画し、地下数百メートルに廃棄物処理施設を造るこの計画が極秘に進められていた。

毎日の記者が現地で取材している。首都ウランバートル東南二〇〇キロメートルに旧ソ連の空軍駐留施設が廃墟となっている。モンゴル原子力開発計画物理研究所長のチャドラーは「ここが施設建設の最適地だと思う」と述べ、「ソ連はエネルギーを得るために一六もの衛星国を必要とした」とか、「モンゴルの原子力開発に協力した国はこの国で強い影響力を発揮することができる」と語っている。

一連の資料を通読すると次のようなイメージが浮かぶ。一九九四年にマラケッシュ協定が結ばれ、各国政府は生産と投資と資源開発のニーズに応え、「相互と互恵」を唱え、公共事業の私企業化と規制緩和政策を約束した。その年、ＷＴＯ（世界貿易機構）が誕生し、紛争解決機関、サービス貿易理事会、貿易関連の知的所有権理事会等が同時に誕生して、グローバル企業の利権を保障し、「世界貿易機関以外のいかなる当局からも指示を受けてはならない」と宣言し、各国政府から独立した権力を持つに至った。

これ以降、テロが横行する。先進国の多国籍企業が途上国に進出し、現地の農業・水産・鉱工業を抑えたため、現地産業は壊滅し、原料価格が下落し、児童労働が増え、移民や難民となって先進国に流れ込んだ。テロはその怨みを示す抵抗運動だが、経済的世界制覇を目論むグローバル側からすれば脅威である。テロを抑えるのは軍事力であり、その中心は核兵器だが、表立って核兵器開発を唱えにくいので、心性操作上「核の平和利用」とか「CO_2削減」と称して、原発を推進してきたのではないか。

12　マスコミの発表情報

新聞各紙の傾向を調べる簡単な方法がある。記事の内容より、テーマ別に費やされた字数を計算する。写真も大見出し活字も、もし最小の活字で埋めつくされたと仮定した場合の面積を調べる。社会心理学に「内容分析」という方法があり、テーマへの賛否両論を比較したり、形容語を分類したりするが、これだと調査する者の主観が入り込む。単純な字数計算の方が客観的に比較できる。

二〇一一年五月三日憲法記念日の読売、朝日、毎日、東京、日経、産経の五紙を比較してみる。細かな数値は必要ないので下二桁を四捨五入した。この日、ビン・ラディン殺害の第一報があったので、テーマは「ビン・ラディン」「日本国憲法」「東日本震災関係」の三つを調べてみたら、以下のとおりである。

	読売	朝日	毎日	東京	日経	産経
ビン	28,700	21,200	19,400	18,600	14,000	28,600
憲法	10,180	10,800	14,700	7,500	14,800	2,700
原発	19,200	13,900	23,600	14,300	23,700	2,3000

「ビン-ラディン」報道に最も熱を入れたのが、読売と産経であり、日経と比べるとおよそ倍の紙面を割いている。「憲法」報道のトップは日経と毎日だが、東京はその半分、産経は二割弱である。「大震災」報道は日経がトップだが各紙に大差がない。これを見ると「ビン-ラディン」と「憲法」報道の差は大きいことが分かる。一紙しか取っていない人が多いと思われるので、同じ傾向の新聞を続けて読んでいると、その人の意見は講読している新聞社によって左右される。

今は新聞よりテレビの方が影響が大きいだろう。さらにパソコンを通じたネット報道の比重も高まる。いずれにせよ、マスコミは世論操作や心性操作に多大な力を持っている。フリーのジャーナリストの上杉隆は、原発事故報道に「不満あり」と宣言し「無期限活動休止のおしらせ」を週刊朝日と週刊ポストに載せ、東電と政府と大手メディアの情報隠しを告発している（週刊読書人'11.4.22.）。

その根拠として、1、東電社員二人が三月一一日に事故死したのを四月三日に発表した。2、プルトニウムが検出されたのに、三月二六日の質問に答えず三月二八日に発表した、またプルトニウム計測器がなかったことを隠していた。3、放射能汚染水を海洋に流していたことを三月二〇日の自由報道協会の指摘によって、初めて四月二日に発表した。4、メルドダウンの可能性について、上杉が三月一二日に質問したのに対し「格納容器は頑丈だから大丈夫、デマで煽るな」と答えた。5、海外メディアを四日間にわたって締め出したが、上杉の要求で四日目に解禁した。

上記の1～5の事実を、大手メディアに属する記者クラブの記者たちが質問も追求もしなかった。この態度は一九四〇年代の大本営と同質だという。

現在、上杉らは自由報道協会というフリーの組織を作っている。そのメンバー、神保哲生と田中龍作は震災現場を取材し、渡辺真と渋谷哲也は放射能の汚染地域に入り、上杉隆は東電に二四時間へばりつき、岩上安身は原子力安全保安院を、島田健弘は自衛隊を、畠山理仁は政府を取材し続け、江川紹子も加わっている。

報道人が政府や大企業や地方自治体等の発表した情報をそのまま記事にすることを「発表情報」という。「発表情報」は安上がりだ。取材の努力や経費がかからず、情報責任をとらずにすむからだ。上杉の記者クラブ批判は当たっている。だがバーネイスの定義した「民主主義」社会では、洋の東西を問わず、支配者はメディアを通じて心性操作をしてきた。

メディアは購読料と広告収入が主な財源とする私企業である。戦時には、戦争賛美の報道をしないと新聞社がつぶれ、編集責任者が追放された。信濃毎日の主筆、桐生悠々は一九三三年「関東防空大演習を嗤《わら》う」という軍部批判の社説を書き、それは一二年後の惨状を的確に予言したものだったが、軍部の怒りを買い、主筆の座を追放された。平和時でも、広告主の意に添わぬ報道はしない。大手薬品会社の薬の批判も、訴えられるのを恐れて新聞社やテレビはしない。それに、大衆はメディアに騙されるのを「望んで」いたりするから厄介である。

原発事故のような大事件の時には、戦時と同じような大衆の「愚かさ」と「賢さ」が問われる。報道と報道人とメディア各社の一つ一つを検証し、選別しなければならないが、概ね、大衆は感情を大切にし、理性を大切にせず、真実であっても見たくない、聞きたくない情報を避けるから、その時ファシズムの危機が迫る。

床屋談義

小泉内閣の経済財政政策担当大臣だった竹中平蔵が毎日新聞の求めに応じ、東日本大震災後の復興構想を語っている（'11.5.7）。原発事故とエネルギー不足と財政負担と農産物の危機という複合連鎖的危機の時期にある。打開策として、ＴＰＰ環太平洋パートナーシップ協定に参加し、農業を二一世紀型のエコタウンにし、被害市町村を合併自治体とし、復旧と復興と改革を一体化しなければならない、と主張している。

竹中平蔵はハーバード大学で開発と投資の研究をし、ネオリベラリズムの理念に則って日本経済を「構造改革」に導いた人である。その人がＴＰＰを推奨するのは当然だろう。ＴＰＰとは環太平洋各国の貿易自由化を目指し、交渉締結時に関税の九〇％を撤廃、将来的には一〇〇%の撤廃を目指し、除外品目は認められない。管内閣は検討中であり、日本の農協は強く反対している。

二〇〇七年二月に農水省が経済財政諮問会議に提出した報告書によると、国内の農業生産は約三・六兆円も減少し、北海道経済への影響はマイナス一兆三七一六億円に達するという。JA北海道女性協議会の河田さえ子は「TPPとなれば農業自体生き残れるのか。米国、豪州などの乳製品が入ってくると私の家もやっていけない」と語っている（十勝毎日新聞社ニュース'10.10.22.）。

一九九五年のマラケッシュ条約以降、二〇一一年現在、WTO加盟国一五三に達する各国が、公共事業の私企業化、多角的通商体制化、企業の下請け化と合併と買収をし、金融資産と知的財産の国際的移動の自由化というネオリベラリズム政策によって競争した結果、世界の超格差が生じた。グローバル資本が世界市場を独占し、一九九五年の世界の実体経済三〇〇〇兆円から二〇〇五年の四〇〇〇兆円に上昇したが、金融資産は一九九五年の六〇九五兆円から一京三八〇〇兆円になった（ウィキペディア「中央銀行」）。世界的バブルである。

一万兆円に当たる一京円という数字は庶民には理解し難い。その金は何処にいったのか。それは世界人口の一％の超富裕層の懐に入った。日本には二〇〇万人強の人々がそれに与する。その人たちが支配階級であることに違いない。

でも現代「民主主義」の国々では支配の構造が見えない。超富裕階級はゲイテッド・マンションかゲイテッド・エリアに住んでいるから見えないし、マスコミは二億五〇〇〇万人の児童労働者（ＩＬＯ二〇〇〇年調査）のいる超貧困国の事情を報道しないからである。格差を見る目を逸らすために、支配層は民衆の前に「敵」を提示する。かつてはソヴィエトだったが今はイスラム原理主義の「テロとの戦い」がそれだ。

もし竹中平蔵の復興構想を実行したなら、格差をさらに広げるに違いないが、日本の世論の動向はどうか。庶民はどう考えているか。

私は退職後、高齢者が多い地域サークルに加わり、昼食をしながら世間話をするようになった。そこでの会話は、私の元の職場や組合や属する学会での会話と質が違う。また、昔の仕事がクリーニングや工場労働者や小商店である人と、大手企業の正社員や公務員である人との間でも違う。身近な生活の四方山話では差がないが、時事的な話題になると、大手企業の正社員や公務員だった人の発言は、私には「異質」に思える。

例えば、以下のようである。イラクへの自衛隊派遣について。「あの人たちは我々のために征ってくれているのだ。感謝しなければならない」。軍備について。「この世は弱肉強食だ。自分の家族を守るために、日本に軍隊は必要だ」。原発事故について。「東電はこれまで、日本の産業発展に尽くしてきた。国民は今、東電を助けなくてはならない。だから、被爆地の人々は過剰な補償を求めるべきではない。被災者に義援金を送るのは国民の義務だ。世界中の国々が原発に依存しているから、世界の危機だ。だから、世界各国はこぞって日本を支援するに違いない」。都知事選挙について。「共産党候補は問題外だ。東国原と渡辺は政治の素人だ。とすれば選ぶ人は自ずと決まってくる」。格差と貧困について。「資本主義だから当然だ。みんな同じなのはよくないし、面白くもない。違いがあってこそいいのだ。日教組の教師は運動会の時に、ゴール近くで走者を横一列に並ばせ、皆が一等だという。このような教育はよくない」。この最後に紹介した言説は違う場で三人から聞いた。

こうした言説に接し、私は自分の知識を動員して反論したが、説得できたのは皆無だった。もと工員だった人は「ふん、ふん、そうかね」と言って、すぐに話題を変えた。元大手企業の社員や公務員は怒りだし、決して自説を変えなかった。

だが、八〇代の女性が一人だけ「次の選挙の時はあなたの推薦した候補者に入れたい」と言ってくれた。その人のお連れあいが急病になり、その時私が駆けつけて、救急病院に同行したことがあったからだ。意見に賛成したのではなく、親近感があったからだろう。この経験から分かることは、支配体制を支えているのは中間層の人々の言説である。新聞やテレビ報道で仕入れた知識を自分なりに整理し、地域のオピニオン・リーダーとして身近な人に語りかけている。都知事選挙で石原慎太郎は二六一万票を得たが、こうした地域のオピニオン・リーダーに従う人が多数派であった。

人は容易に説得はできない。身近な人と生活を共にし、影響を受けたり、反発したりしながら自分の態度を決めていく。とすれば、行動を共にする人の輪が広がることで世論が作られるが、反原発や反体制の社会運動をしている人々は身近に行動する人が限られている。労働組合の組織率は低下の一途を辿り、しかも分裂を繰り返し、地域のつながりはなくなり、家族でさえ一緒に食事をしない。

こうした状況を「セグメント（分節化）」と呼べば、グローバル経済の進展に伴い、セグメント状況も普遍化したのだ。グローバル経済は家族や地域や共同体を破壊し、個人をバラバラな消費者とすることによって、より多くの利益を得るからである。反撃は容易ではない。

歴史的にみて、バラバラにされ、組織を奪われた庶民はどうしたか。ファシズムに同調して体制に協力するか、もう一つの動きは、体制に反感を持つ民衆のサボタージュである。一九六九年のカルチェ・ラタンの学園紛争に敗北した若者たちのアウトノミア（自立）運動もその一つである。空き家占拠や工場の勝手減産や電気代の勝手値引きなどの行動があった。多くの人が行動すれば、支配層は一定の譲歩を余儀なくされた。支配への不服従の精神は意外に強いのではなかろうか。

14 自然エネルギー

「原発がなければ困る」とずっと思わされてきた。本当にそうだろうか。風力、太陽光、日本列島の太平洋側を流れる幅四〇キロメートルの黒潮の力を利用する潮流発電、地下一・五キロメートルから二キロメートルの井戸を掘り、そこにある蒸気やガスを利用してタービンを回す地熱発電、食品の残りを発酵させて生じたメタンガスを燃料とするバイオ発電等を総称して、自然エネルギーという。これを利用する方法を考えればいいのではないか。

放射線の研究者であり、核燃料貯蔵施設を作ったことのある飯田哲也。環境エネルギー研究所長の意見を聞いてみる(朝日新聞'11.4.13)。彼は「原子力村」の存在に辟易して、原発電関係の仕事を辞した人である。彼は以下のように説明している。今、「戦略的エネルギーシフト http://www.isep.or.jp/images/press/ISEP-Strategy110404.pdf 」が検討されているという。

この「戦略」によると、現在自然エネルギーは総エネルギーの一〇%だが、二〇二〇年には三〇%、二〇五〇年には一〇〇%になると予想している。飯田によると「脱原発」「反原発」ということばはよくない。原子力にだけ目を向け、「増設」か「現状維持」か「廃止」を考える発想そのものが時代遅れだからだ。原発はすでに世界では少数意見になりつつあるからだ。

米シンクタンク「ワールドウォッチ研究所」の報告書が二〇一一年四月一五日に出された(毎日新聞'11.4.17)。二〇一〇年の段階で、世界の原発は三億七五〇〇万キロワットであるのに、自然エネルギーは三億八一〇〇万キロワットで、すでに後者に追い抜かれていた。世界の運転中の原発は三〇ヵ国で四三七基、その平均年齢は二六年歳で老化しつつある。報告書の図(前年比を示している)を見ると、一九九六年の風力を一〇〇とすると、原発は七〇〇、太陽光は〇だが、二〇一〇年には、風力四〇〇〇、原発一一〇〇、太陽光一五〇

○となっている。
計画停電などを仕掛けて「原発がないと、これだけ困るよ」と心性操作をされたから、庶民はそう思い込まされてきたが、なんのことはない、二〇一〇年段階で世界の趨勢は自然エネルギーが原発を追い抜いていたのだ。

風力発電の可能性について日本の環境省の試算では、高い地域は北海道六四〇〇万キロワット、東北四〇〇〇万キロワット、九州で一一〇〇万キロワットであり、低い地域は北陸一六〇万キロワット、四国二一六万キロワット、東京二〇〇万キロワットだが、地域が互いに融通し合えばいい（朝日新聞'11.4.22.）。日本全体では風力発電だけで、最大一億四〇〇〇万キロワットあり、これは原発四〇基分に当たる。日本全体の年間電力消費量は一兆三六二キロワットという膨大なものだが、風力以外の再生可能エネルギーと、節電や蓄電技術を組み合わせると未来は開ける。

伊藤宏一、千葉商科大はアースポリシー研究所の報告をもとに「地熱と風力と太陽等の再生可能エネルギー可能性を引き出せば、日本は世界第三位経済大国の地位を保持できる」と述べている。地熱について、日本は二〇〇の火山と二八〇〇〇の温泉に恵まれ、八〇〇〇万キロワットの発電が可能で、これは日本の電力総需要の二分の一に当たる。しかも地熱発電用タービンは富士電機と東芝と三菱重工の三社で世界シェア七〇%を占める。風力について、日本は二〇一〇年現在、全発電容量で三五〇万キロワット以上となった。二〇三〇年には五三〇万キロワットに達し、この数値は日本全国一八〇〇万世帯に電力供給が可能だ。ではなぜこれが活用されないのか。国の研究開発資金が原子力に一九一二億円なのに、風力には八億円、約二四〇分の一しか出されていないからだという。

一九七〇年から二〇〇七年まで、国が出すエネルギー対策費の九七%が原子力関係に回されてきたからだ（朝日新聞'11.5.12.）。自然エネルギーへ予算を出さなかったのは「原子力村」に奉仕するためだ。この国の方針を止めさせ、原発企業や電力会社の独占を止めさせたら、自然エネルギーでやっていける。だがそれにはグローバル自然主義と手を組む日本の独占資本とメディアを動員した心性操作と闘わねばならない。エネルギー問題で悩む必要はない。既得利権を手放さない支配層との闘いこそ当面の課題なのだ。

15 地産地消の分散型社会へ

カナダのエネルギー経済学者であるジェルフ・ルービンは、福島原発事故がBP社が二〇一〇年に起こしたメキシコ湾海底原油流出事故と近似していると説いている（毎日新聞'11.4.16.）。両者とも巨大企業の管理下であること、原油の枯渇と限りない人間の欲望が背後にある点で、共通している。これを解決するには、小型の水力発電や地産地消型の社会へ移行しなくてはならないという。自然や環境に謙虚な省エネ社会を考える時期だ。

一九五一年、南極観測隊の昭和基地で氷上のテント生活で一キロワットの太陽光発電パネルが使われたという。その経験をもとに、土屋範芳（現東北大大学院環境科学科）はパネルを停電中の宮城県石巻市の避難所に持ち込み、テレビを映し出してみせた。また赤井田幸男、ＳＥバイオマステクノ社市場開発室長はアフリカへの国際援助の時に使った浄水器を宮城県南三陸町町立歌津中学に持ち込み、生活用水を作った（朝日新聞 '11.4.13.）。日本郵船は二〇〇八年に太陽光パネル車運搬専用船を、二〇一〇年に泡噴出空気循環システム船を造り、現在でもエコ・シップの開発を進めているという（毎日新聞 '11.5.16.）。

スウェーデンの企業エネルギー通信省ダニエル・ヨハソン副大臣は、二〇二〇年までに自然エネルギーを五〇％にすると記者のインタビューに答えている（朝日新聞・'11.5.12.）。その前提として、発電と送電の分離、小規模発電所の設立等の電力市場の自由化が必要だとし、日本の電力独占体質を暗に批判していたという。

これから省エネとエネルギーの分散が必要だ。それを可能にするのがスマートグリッドであろう。林泰弘 早大先進グリッド技術研究所長の解説を聞こう。太陽光や風力は日照時間や風力変化に影響され、電圧や周波数も多様で、電力の一定供給に難点がある。スマートグリッドは供給側の発電所と使用者側の家庭や工場の情報を流し、電圧や周波数も自動的に調整して、リアルタイムにネットで結ぶシステムである。日本では蓄電と熱エネルギーを他のエネルギーに交換するヒートポンプの得意技術があるから、この技術を使うべきだ。ヒートポンプとは冷凍冷蔵庫やエアコンを熱媒体や半導体を用いて低温部から高温部へ移動させる技術だ。電気料金を細分化し、家庭でも安い時期に蓄電し、それを発電会社に売ることもできる。大気や地中熱や廃熱から投入エネルギーより多い熱エネルギーを回収して利用することができるという（朝日新聞 '11.5.11.）。

ジャーナリストの今井一がドイツのシェル石油を訪問した際、大手石油会社がパネル発電を研究しているのを知って驚いたという（パックイン・ジャーナル '11.4.23.）。その番組で司会者の愛川欽也は「ＬＥＤも使うべきだよ」と叫んでいた。ＬＥＤとは発光ダイオードのことで、二種類の半導体を貼り合わせた電子デバイスで電流を流すことにより発光する。低い電力で高輝度の光が得られるという特徴がある。

原発事故が起こるまで、一般庶民は発電と送電の分離が可能であることや、エネルギーの分散型が必要なこと、それを可能にするスマートグリッドの存在を知らなかった。というより、知らされなかったのではないか。独占資本は市場独占に不都合な情報を故意に流さなかったに違いない。

ところで、スマートグリッドには、スマートメーターという通信機能付電力量計器が必要だという。それを製造する大手企業ランティス・ギア社（ＬＧスイス）は世界シェア三〇％を占め、二〇〇八年の売り上げは一一〇〇億円になる。そのＬＧ社を日本の東芝が二〇〇〇億円で買収した。スマートメーター市場への投資累計は日・米・欧で三九〇億ドル、三兆二〇〇〇億円であるという。東芝は産業革新機構（官民ファンド）や他企業に投資を呼びかけている（朝日新聞 '11.5.17.）。

東芝といえば、アメリカのＧＥ社と提携し東電等の原発を造った世界企業である。エネルギーの分散を志向する社会に世界企業が早くも目を付けた。分散という社会の目標はエネルギーに限ったことではない。その趣旨は独占を廃し地産地消の精神で、各地域の主体性を取り戻す運動である。東芝のＬＧ買収は心配の種がまた増えたことを意味する。

参考資料

『原子力発電で本当に私たちが知りたい120の基礎知識』広瀬隆・藤田裕幸著、東京書籍。

『大地動乱の時代』石橋克彦、岩波書店。

『阪神・淡路大震災の教訓』、石橋克彦、岩波書店。

『原発震災』明石昇二郎、七つ森書館、二〇〇一年。

『原子力市民年鑑』原子力資料情報室編、七つ森書館、二〇〇三年。

『原子力安全白書 平成14年版』原子力安全委員会、国立印刷局、二〇〇三年。

『あなたはどう考えますか？ ―日本のエネルギー政策―電源地福島からの問いかけ』福島県エネルギー政策検討会福島菊調整部エネルギーグループ、二〇〇二年。

『東京大震災の確率80％』石黒擢、文芸春秋、二〇〇四年。

『ストップ浜岡 東海地震が起きる前に』http:www.stop-hamaoka/com/

『浜岡原発止めよう裁判の会』http:www.geocities.jp/ear-tn/

『原子力情報ライブラリー原子力発電所の地震対策』中部電力HP、二〇〇四年。

『原子力のページ』経済産業省、二〇〇四年。

日本原子力産業会館HP、二〇〇四年。

原子力の安全・保安院 HP、二〇〇四年。

日本エネルギー経済研究所HP、二〇〇四年。

あとがき

スワドリングという乳児の養育方法があった。古代エジプトに端を発しヨーロッパ全土で一九世紀まで一五〇〇年間続いた習慣である（大野晏宜『教育を拓く』新評論、一九八三）。新生児の産着の上から細い紐を固く繭状に巻きつけ、それを壁の釘に手荷物のように吊した。そのため前近代の乳児死亡率は高かった。『矯正のため、危険防止、防寒のため、鍛練になる』などと様々な理屈をつけていた。要するに大人の都合のいい習慣なのだが、それが一五〇〇年も続いた。一七世紀のイギリスで、新教徒のピューリタンたちが母乳養育を唱え始めて、スワドリング期間を短縮した。一八世紀にイギリスの小児科医の提唱で廃止運動が起こり、一九世紀に英・米・仏・独・伊の順番で廃止する国々が増えた。

生活習慣を含む人々の心性はどれほど根強いものかが分かる。現代人は前近代のスワドリング心性を笑うことができるが、未来の人々も現代に生きる我々の心性を笑うに違いない。特に教育心性を笑われそうだ。そう思いつつ、事例を集めて文にしてきた。

「教育には教害がある」と本文に書いた（九ページ参照）。古い資料に『無駄ない』教育、背景に」と題する佐木隆三の文がある。オウム真理教事件、麻原彰晃への一審判決を前にして書かれた文だ（毎日新聞 '04.2.19.）。地下鉄サリン事件の実行犯の林郁夫は心臓外科医、豊田亨は東京大学大学院で素粒子論の研究者、広瀬健一は早稲田大学大学院で高温超電導の研究者であった。林郁夫は「自分は専門ばかだった」と公判で反省しているという。佐木隆三は「自然科学が流行り、理系の飛び級制ができ、エリートの速成が促され、学生が哲学や文学を無駄と思い込んでいたからだ」と学歴ばかりを気にする世間の風潮と社会を批判している。

先日都知事選に当選した石原慎太郎は東京都立大を首都大学東京に改組した際、文学や哲学を統廃合し、「システムデザイン」科等の実用本位の学科の多い大学に変革した。「無駄」を廃したのだ。その人を都民の多数が支持した。大衆が教害を意識せず、今も教育心性社会が延々と続いていると言える。

原発事故はその教育心性が原因で起こったとも言える。理系の専門家が「素人は口を出すな、原発は安全だ」と繰り返してきたが、現実に事故が起こった。となると、素人が発言したくなる。

今は素人感覚が大切になってきている時代ではないか。

二〇一一年五月二三日の参議院行政監視委員会に、原発事故をめぐる参考人が招致された。参考人として、京都大学原子炉実験所助教・小出裕章、元福島原発設計者で芝浦工業大学非常勤講師・後藤政志、地震研究者で神戸大学名誉教授・石橋克彦、ソフトバンク社長・孫正義が呼ばれた。この参考人は早くから原発の危険性を唱えてきた人たちだ。ところがＮＨＫは国会中継をしなかった。インターネットで視聴が可能だが、大衆の多数は観ていないのではないか。情報内容はむろんのこと、情報を流す時間、情報提供の方法、どの機関の情報かということの全てが心性操作の手段となる。バーネイスの定義した「プロパガンダ民主主義」の時代が続いている。

二〇一一年五月二七日の英国の地方紙「ザ・カンバーランド・ニューズ」は、チェルノブイリ事故の放射能の検査を、英国中部のカンブリアの九つの農場がいまだに義務づけられていることを報道している。また、二〇一一年五月二九日の英国紙「ロンドン・イヴニング・スタンダード」は、福島の原発事故による放射能が低レベルではあるが、英国オックスフォード州とスコットランドのグラスゴーで検出された事故を掲載した。

私たちは知らないことや知らされないこと、意識しないと知ろうとしないことが、何と多いことか。昔のことも、今のことも、未来を予測する方法も知らない。それは教育心性と教害、原発事故の心性操作が続いているからだが、時代の証人として、これからも延々と知る努力はしなければならない。

本を書くに当たって多くの人のご協力をいただいた。弁護士の石井小夜子さんを始めとする『子どもと法・21通信』の編集に携わった市民の方々に、大変お世話になった。私の原稿の誤字脱字、内容の矛盾、意味不明のことばを月々の校正で指摘して下さった。青土社出版部の西館一郎さんはこの原稿を執筆中、ほぼ毎日電話で激励して下さった。「夜間給食を守る市民の会」の早川芳夫さんは、各省庁からの通達や発表の元資料を含む原発事故の最新情報を毎日メールで送って下さった。「沖縄を考える市民の会」の福島博子さんから、市民団体の運動情報をいただいた。Labor Now 会員メーリング・リストから、原発事故や国の内外の労働と市民運動の情報をいただいた。大学の同窓生、杉山三枝さんは多くの講演会や市民集会に出て、録音テープを自分で起こして送ってくださった。イギリス人の友人フィリップ・ハンコックさんはイギリスの新聞に報道された日本の原発事故の記事を送って下さった。

以上の方々に心からの御礼を申し上げたい。

二〇一一年五月三〇日

佐々木　賢

教育《きょういく》×《と》原発《げんぱつ》
操作される子どもたち

2011 年 7 月 1 日　第 1 刷印刷
2011 年 7 月 8 日　第 1 刷発行

著者――佐々木 賢

発行人――清水一人
発行所――青土社
東京都千代田区神田神保町 1－29　市瀬ビル　〒 101－0051
電話　03－3291－9831（編集）、03－3294－7829（営業）
振替　00190－7－192955

本文印刷――ディグ
表紙印刷――方英社
製本――小泉製本

装幀――芦澤泰偉

ISBN978－4－7917－6613－0　Printed in Japan

佐々木賢の本

教育と格差社会

学力向上を謳い、校内暴力、いじめ、怠学、
不登校などの学校病理を
生徒のこころの問題にすり替えて、
建前を語る教育再生論は欺瞞だ——。
教育問題とはすなわち、
社会矛盾を鋭く反映する労働問題そのもの。
知識・学歴が仕事に役立たなくなった
格差社会出現の深層を探る。

商品化された教育

先生も生徒も困っている
教育には、もはや幻想を抱けない。
ビジネスとして儲かるという発想と動機でのみ、
学校周辺に群がる各種の教育産業。
教育行政から子どもを取り巻く社会環境まで、
教育崩壊の現場が、
欧米の教育事情と比較しつつ究明される、
驚くべきレポートと分析。